L'ENTREPRISE MISE EN PIÈCES
... DE THÉÂTRE

DU MÊME AUTEUR

LISTE DES LIVRES DE MICHEL FUSTIER SUR LE MANAGEMENT

Dynamique de l'entreprise (Éditions Hommes et Techniques) *(épuisé).*

L'Inventique, en col. avec A. Kaufmann (Entreprise moderne d'édition) *(épuisé).*

La Stratégie de l'entreprise (Dunod) *(épuisé).*

L'Étude de motivation (Dunod) *(épuisé).*

Vie et mort des produits (Dunod) *(épuisé).*

Pratique de la créativité (Éditions E.S.F.).

La Résolution de problèmes (Éditions E.S.F.).

Le Conflit dans l'entreprise (Éditions E.S.F.) *(épuisé).*

Pratique de la dialectique (Éditions E.S.F.).

La Logique de l'arbre (ALGOE) *(épuisé).*

Techniques de diversification (Éditions Hommes et Techniques) *(épuisé).*

MICHEL FUSTIER

L'ENTREPRISE MISE EN PIÈCES … DE THÉÂTRE

Cinq comédies
sur la qualité

LES ÉDITIONS D'ORGANISATION

LISTE DES PIÈCES DE MICHEL FUSTIER

Pièces d'entreprise : L'Art de congédier, Grand Syndical ou l'avantage acquis, Mort d'un petit patron, Le Manager Gentilhomme, Caroline et compagnie, Pertes et Profits ou le mystère des coûts cachés, Monsieur Patron saisi par la qualité, La Solution du chef, Le Cocotier, Retour de manivelle, L'Enveloppe de Monsieur Grumbach, Le Siège éjectable, Patron de choc, Une alliance objective, La Patronne est de retour, Le Jeune Loup, Le Maillagement, Une tête de cochon, Une leçon de créativité, Que mille fleurs s'épanouissent, La Qualité dans tous ses états, Le Texte et le Contexte, La Terrifique Histoire du petit marchant d'amidon ou le triomphe du marketing...

Pièces générales : Téméraire, Charles ? Le Minotaure, Le Syndrôme du général, Vol au-dessus d'un fromage de gruyère, Le Grand Metteur, Superbasse, Ostinato, Mémorial pour un anarchiste repenti, Allez les verts, Pierrot, Grandeur et misère de la vie de retraité, Le Peuple Élu, L'amant français ou sept fois le tour du monde, Matriarcat ou l'exploration d'une vieille dame, Le Vieil Homme et la vie, Dernière station avant l'autoroute, La Belle au bois veillant, Les Royaumes Combattants, L'Écrivain Sacré, Jésus en Sicile, Phagocytose ou les oubliettes, Stupor mundi ou le tombeau de Frédéric, Tenebroso, le prince du plein emploi, La Révolution et l'Empire.

ISBN : 2-7081-1023-3

Les comédies de MICHEL FUSTIER
sont déposées à la S.A.C.D.
(Société des auteurs dramatiques).

Les droits des COMÉDIES éditées dans ce livre
ont été cédés à la société
T.H.C. THÉATRE ET CONGRÈS
à Lyon (voir minitel)
dont la vocation est d'apporter son concours
à toutes les manifestations pédagogiques telles que
congrès, colloques, séminaires etc.,
THÉATRE ET CONGRÈS a monté ces comédies
et se trouve capable, sur simple demande,
de les faire représenter où que ce soit
par des comédiens professionnels.

Dans le cas où un groupe de comédiens,
amateurs ou professionnels
désirerait monter une de ces comédies,
il pourrait cependant, sous certaines conditions,
en obtenir l'autorisation
en s'adressant à T.H.C.

De toute façon, les représentations familiales
ou scolaires (des étudiants jouant pour eux-mêmes)
sont libres.

AUX ÉDITIONS D'ORGANISATION

Yves BOURRON, Jean-Pierre CHAPUIS, Christian CANONVILLE et Patrick COLIN
Audiovisuel - Mode d'emploi

Kenneth BLANCHARD et Spencer JOHNSON
Le manager-minute

Kenneth BLANCHARD et Robert LORBER
Le manager-minute au travail

Robert CHAPPUIS et Jean PAULHAC
Y a-t-il quelqu'un qui commande ici ?

Guy DELAIRE
Commander ou motiver

Thomas DEVERS
Communiquer autrement

Gérard LAYOLE
Dénouer les conflits professionnels

Gabrielle ROLLAND
Le temps des leaders

Alain VERTADIER
Votre tonus professionnel

Jacques DUMONT
Le temps personnel

SOMMAIRE

INTRODUCTION
LE THÉÂTRE DANS L'ENTREPRISE

Je n'ai pas de théorie *a priori* sur le théâtre d'entreprise et ce n'est pas à la suite d'une étude de marché ou pour venir à bout d'un... grand projet que je me suis attelé à la tâche d'écrire des pièces décrivant les misères et grandeurs de la vie professionnelle... Non. Mais plus simplement, ayant pris le départ un peu par hasard, m'étant laissé par la suite piquer au jeu, je me trouve maintenant à la tête d'un catalogue d'une trentaine de réalisations (dont un bon nombre sont jouées régulièrement dans le cadre professionnel par la société THÉATRE ET CONGRÈS) au fil desquelles j'ai progressivement fait, sur les rapports du théâtre et de l'entreprise, quelques découvertes qui m'étonnent moi-même et qu'en guise d'introduction je livre au lecteur.

COMMENT TOUT A COMMENCÉ

« Monsieur Blanchard », le héros de « PERTES ET PROFITS ou le mystère des coûts cachés », n'est pas un personnage totalement imaginaire. Il était manœuvre de fabrication dans une petite société de produits chimiques où j'ai travaillé autrefois et je le voyais de temps en temps sortir de son atelier et traverser la cour pour rendre visite à son chef de service ou se dégourdir les jambes... C'était un petit homme rond, affable, bavard, débrouillard... Il s'appelait effectivement monsieur Blanchard. Un jour que je l'avais croisé, il m'avait demandé avec un scepticisme amusé des nouvelles de la prochaine augmentation des salaires...

La théorie des « coûts cachés » n'est pas non plus un produit de mon esprit. C'est le fruit d'une analyse très pertinente conduite avec obstination par un universitaire, le professeur Henri Savall, à travers de très nombreuses analyses sur le terrain. Cet universitaire qui avait comme particularité d'être aussi (honni soit qui mal y pense) expert-comptable avait été progressivement amené à découvrir que nombre de phénomènes économiques importants de l'entreprise (une grève, un départ inattendu, l'absentéisme...) échappent dans ce qu'ils ont d'essentiel à l'analyse comptable !

Il y avait assez d'insolence dans les thèses d'Henri Savall pour tenter un faiseur de pièces de théâtre : il y en eut encore plus à mettre ces thèses dans la bouche de « monsieur Blanchard » et à l'envoyer donner une leçon de gestion à un Directeur quelque peu bloqué. C'est ainsi qu'est née tout à fait par hasard la première d'une longue série de pièces consacrées à la vie professionnelle.

COMMENT CELA A CONTINUÉ

Je travaillais alors essentiellement pour France-Inter où Pierre Billard, dans ses « Mille et un jours » s'était donné pour objectif de servir chaque jour à ses auditeurs une petite... tranche de vie dans le style le plus simple et le plus direct : surtout pas de « théâtre ». De « littérature » encore moins !... et j'étais, dans l'équipe, devenu en quelque sorte le spécialiste de la vie professionnelle. Je n'avais qu'à puiser dans mes souvenirs puisque, pendant trente ans, à l'intérieur de l'entreprise d'abord, comme directeur administratif, puis de l'extérieur comme consultant chez de très nombreux clients de toutes professions, j'avais pu observer avec une curiosité passionnée les hommes, leurs pensées, leurs espoirs, leurs déceptions, leurs conflits...

Mais là où tout bascule, c'est le jour où un de mes amis, ingénieur dans une grosse société métallurgique, entend à la radio une de mes pièces. Le soir même il me téléphone : il veut que cette pièce soit jouée lors du prochain congrès de l'A.F.C.I.Q. qu'il est chargé de préparer... Pourquoi pas ? S'il ne m'en avait pas donné l'idée, je ne l'aurais pas eue tout seul : mais après tout ! Nous trouvons deux comédiens, ils montent la pièce : et au moment choisi, nous écartons les tables des conférenciers pour dégager un espace scénique, nous braquons deux mauvais projecteurs et... le public répond avec tellement de chaleur (« ça vaut trois conférences, marmonne-t-on derrière moi ») que, dans les trois mois qui suivent, les deux comédiens doivent répéter leur exploit une dizaine de fois un peu partout en France.

UN NOUVEAU TYPE DE THÉÂTRE

Y avait-il donc une demande ou — disons le mot —... un créneau pour un nouveau type de théâtre ? Pourquoi non ?

Après lui avoir fait élire domicile dans les temples, puis dans le palais de rois, la tradition du théâtre français a souvent ramené la comédie dans le cadre de la maison du riche bourgeois et fait des meubles de cette maison, de ses instruments et de ses mœurs des objets de théâtre reconnus.

N'était-il donc pas possible d'opérer un nouveau transfert et de faire de l'entreprise, des machines de l'entreprise, de ses méthodes, de ses règles, de son langage d'aussi valables objets de théâtre... Les passions dans l'entreprise sont après tout aussi fortes que dans la maison bourgeoise, si ce n'est plus, les intérêts encore plus puissants, quantitativement et qualitativement, les cultures infiniment plus variées, les conflits d'une intensité sans égale, l'enjeu — la production d'une civilisation — sans commune mesure... Les « feux de l'amour », lieu commun favori du théâtre classique, y brillent eux-mêmes parfois avec beaucoup d'éclat et de liberté. Enfin et surtout l'entreprise est le « POINT DE RASSEMBLEMENT » où une large majorité de la population, toutes classes confondues, se retrouve chaque jour pour tenter, souvent sans succès, d'y parler un même langage.

L'essai valait, en tout cas « littérairement », d'être tenté. Pouvait-il l'être « commercialement » ?

L'ENTREPRISE PEUT-ELLE FAIRE QUELQUE CHOSE DU THÉÂTRE ?

Il ne s'agit pas de mécénat : l'entreprise au secours des

artistes ! Comme le dit l'un d'entre eux : qu'ils crèvent, les artistes !...

Il ne s'agit pas non plus d'initier le personnel de l'entreprise à de hautes formes de l'expression dramatique, ni de le faire pénétrer dans le monde privilégié de la « Culture »... (ou, comme le disent les intellectuels de gauche : de procéder de façon a ce que le peuple puisse s'approprier les instruments de la culture !) Piège à comités d'entreprise !

Mais d'apporter à l'entreprise, à une époque où la formation est devenue un élément essentiel de son progrès, une forme pédagogique nouvelle — quoique très ancienne — dont elle doit tirer un effet positif pour son propre fonctionnement : comme si elle achetait de nouvelles machines ou mettait en place une nouvelle organisation. Le théâtre, produit marchand ! J'entends d'ici hurler les esthètes...

Quelle est la fonction exacte de ce nouveau produit ? Essentiellement une fonction de miroir. Dans le feu de l'action l'homme est incapable de se critiquer lui-même, l'observation de soi étant pour ainsi dire incompatible avec l'engagement dans l'événement. Le théâtre qui, d'une façon stylisée le porte à la scène avec ses qualité et ses défauts, lui permet de se voir et de réfléchir sur lui-même... *Catharsis*, diraient les grecs, identification ou transfert, diraient les modernes psychologues. Le miroir n'est-il pas un élément essentiel du mobilier de l'homme. Mc Luhan souligne combien sa diffusion au XVIIIe siècle a contribué à faire évoluer les mentalités : l'homme se regarde, autrement que par les yeux de ses congénères, et se voyant lui-même, en bonne cybernétique, il devient capable de se transformer.

LA GRANDE TRADITION DU THÉÂTRE « POLITIQUE »

Le théâtre peut-il ainsi (est-ce possible, est-ce légitime ?) se mêler des affaires de l'entreprise ?

Tout autant, aussi efficacement et aussi légitimement (et aussi dangereusement) qu'il s'est, à telle ou telle époque, mêlé des affaires de la société.

Il y a dans le théâtre une tradition d'intervention sociale qui part d'Aristophane et qui passe par le fabliau, la fête des fous, Molière (toujours en guerre avec les dévôts, les médecins ou la noblesse...). Marivaux (dont certaines pièces véhiculent une forte critique sociale), Beaumarchais (emprisonné pour son Figaro), Courteline, pour arriver à Brecht et Genet... je ne cite que les plus connus. Sans négliger que même chez des auteurs plus lyriques ou plus mythiques, le message politique n'est jamais complètement absent.

Le théâtre politique prend généralement naissance dans des périodes de mutation pour soutenir les aspirations de la société. Peut-être les provoquer... Plus exactement pour transmettre d'une couche à l'autre de la société un message parfois déguisé, parfois explicite, de souffrance, de protestation, ou d'espoir. Est-il effet, est-il cause ? Depuis Edgar Morin, nous n'avons plus à nous placer dans cette problématique linéaire : cause et effet à la fois, le théâtre politique fait partie du mouvement tourbillonnaire de régulation d'une société. Il contribue à en poser et à en résoudre les problèmes.

En ces temps économiquement troublés, pourquoi l'entreprise et le théâtre ne se rencontreraient-ils pas ? Nous sommes sous le coup d'une condamnation au changement : pourquoi le théâtre ne travaillerait-il pas à la modification de ces grands mythes inconscients qui gouvernent l'entreprise en crise, pourquoi, dans le dialogue de l'un et de l'autre, n'apparaitraît-il pas des valeurs de progrès qui favoriseraient la mutation nécesaire ? Le théâtre entrant en guerre contre les cloisonnements, la centralisation, le raisonnement technocratique et luttant pour l'ouverture, la qualité, l'humour, la communication, la diffusion de la culture économique et technique : et surtout participant de cette façon à l'immense effort de formation qui est la clé du succès. Pour les quelques personnes qui, dans l'entreprise, regardent avec inquiétude monter les années à venir, le théâtre peut devenir un important facteur de diffusion du changement.

LE THÉATRE ALLANT AUX SPECTATEURS

Une autre leçon de ce « théâtre de congrès » était la suivante : puisque les spectateurs ne viennent pas (en grand nombre) au théâtre, pourquoi est-ce que le théâtre n'irait pas aux spectateurs ?

Les hommes de théâtre, les grands professionnels de la mise en scène, qui par le biais des subventions détiennent dramatiquement le pouvoir... dramatique, ont fait des lieux qui leur sont confiés des machines très sophistiquées (éclairages, costumes, décors) dans lesquels, essayant inconsciemment de se mesurer avec le cinéma, ils n'aboutissent parfois qu'à ensevelir le théâtre sous les décombres de leurs rêves. En tout cas leurs montagnes magiques, leurs sanctuaires immobiles sont tellement inaccessibles, le culte qu'ils y célèbrent tellement ésotérique, que seul un petit peuple d'initiés en gravit les pentes abruptes.

Alors pourquoi n'en pas revenir à un art plus essentiel : seul, le comédien, son corps et sa parole. Et pourquoi ne pas faire du théâtre ainsi ramassé sur lui-même (heureux acteurs qui se retrouvent au centre de leur univers) un art transportable susceptible d'aller à la rencontre du spectateur là ou il se trouve, c'est-à-dire en particulier dans les lieux bâtis depuis cinquante ans pour favoriser l'exercice de la vie professionnelle : ateliers, hangars, salles de réunions à l'intérieur ou à l'extérieur de l'entreprise, centres de congrès, lieux de formation, hôtels d'affaires... Même si au détour d'un chemin c'est effectivement et par hasard un vrai théâtre qui se présente.

Le théâtre d'entreprise est d'autre part un moyen de faire participer les comédiens à la vie économique, de les tirer du ghetto culturel dans lequel ils se sont laissés enfermer, de les amener à rendre un service direct à la société dont ils font partie. Et en effet — je parle de ce que je vois — ils sont tout étonnés de pénétrer dans ce monde nouveau,

Entreprise :
QUELQUES VALEURS ÉMERGENTES

L'entreprise est une institution fortement culturelle : dans ce sens que c'est au sein de l'entreprise (bien plus qu'à travers les examens des écoles) que les hommes et les femmes se modèlent eux-mêmes dans l'exercice de métiers difficiles.

Les performances de l'entreprise dépendent moins du génie de quelques esprits supérieurs que de la vitalité et de la cohérence de l'ensemble du personnel.

La productivité n'est pas fille du surmenage mais plutôt de l'intelligence (méthodes, organisation, connaissance du client, adaptation du produit).

Il ne faut pas que le chef écrase les mille libertés de ses subordonnés... D'ailleurs, il ne faut pas qu'il y ait trop de chefs.

Paradoxalement, l'entreprise demande aussi à être fermement gouvernée : pas trop de chefs, mais charismatiques.

Aucune réforme ne peut être réussi si elle ne tient pas compte d'un contexte historique qui en ralentit toujours l'application.

Les problèmes doivent être résolus le plus près possible de l'endroit où ils se posent.

La motivation du personnel dépend fortement des degrés de liberté qu'il peut trouver dans l'organisation de son environnement.

Corrélativement, l'entreprise supporte mal l'intrusion des solutions préfabriquées. Ce qu'elle demande, c'est l'émergence des solutions dont elle est porteuse.

Un conflit n'est le plus souvent qu'un problème que personne n'a eu le courage ou la clairvoyance de résoudre à temps.

Les situations difficiles ne se résolvent pas par des exhortations à bien faire, mais par des changements concrets dans les fonctions, l'organisation, l'horaire, les locaux, l'information, le commandement, la rémunération...

La mauvaise gestion, au sens le plus large du mot, est en réalité le principal grief d'un personnel à l'égard de sa direction.

S'il peut adhérer à un projet sérieux, l'homme s'engage au-delà de ce qu'on peut attendre de lui.

plus étonnés encore et plus heureux de se trouver devant un public auquel ils viennent enfin dire quelque chose qui le concerne (plus que des « spectateurs », des « interlocuteurs » : nouveau, ça !).

Accessoirement, enfin — mais c'est un accessoire qui n'a rien de négligeable — cette forme d'activité permet au théâtre d'échapper à la malédiction de la subvention : c'est-à-dire de cesser de jouer pour plaire au pouvoir qui subventionne et aux augures auxquels se fie ce pouvoir pour accorder ses subventions. Car l'entreprise est solvable, elle paie cash et sans lésiner (enfin, rarement !) les services qu'elle achète et qu'il ne tient qu'au comédien de valoriser encore davantage. Et lui, le comédien, il a parfois de la peine à comprendre que ce qu'il reçoit, ce n'est plus une aumône de la société pour ses complaisances envers quelques privilégiés, mais le salaire de son travail. Il est devenu citoyen à part entière. Ça sert, c'est utile, c'est vrai ! Quand il achètera une auto ou une machine à laver il se dira cette fois-ci qu'il y a lui aussi un peu travaillé.

UN THÉÂTRE DIDACTIQUE

Ne commencez pas par vous voiler la face ! Il y a plusieurs façons pour une pièce de théâtre d'être didactique. Celle qui consiste à farcir un texte de vérités premières et de bons sentiments ne peut prétendre à une longue carrière dramatique.

Mais celle qui consiste à fabriquer des pièces qui se déroulent dans un environnement très concret et très spécifique et sur lequel les personnages, dans le cadre du conflit qui les oppose (élément essentiel du théâtre), apportent les informations qui sont nécessaires pour que l'action progresse : cette façon-là peut au contraire donner naissance à un théâtre riche et passionnant qui nourrirait l'intelligence en même temps que la sensibilité. On y évite en tout cas le double écueil de la banalité et des généralités : tout peut y être vif, précis, concret... Et ensuite il est plus facile de remonter du particulier au général que de descendre du général au particulier.

Un roman historique, mêlant l'histoire et la fiction, permet au lecteur de se familiariser avec une époque tout en restant suspendu au fil d'une aventure passionnante. De la même façon le théâtre ainsi conçu donne l'occasion, soutenue par une action dramatique qui les relie toutes les unes aux autres, de faire état sans ennuyer d'un nombre impressionnant de données techniques. L'effet en est encore amplifié si, dans le cadre d'un groupe de travail, le texte de la pièce est ensuite repris et discuté, à la manière d'un cas. Mieux encore si, élevé à la hauteur d'un psychodrame, il est repris et transformé par les participants eux-mêmes. Ce n'est plus seulement les connaissances qu'il diffuse mais, comportementalement, une capacité d'adaptation au monde moderne.

Je suis impressionné par l'expérience menée dans un I.U.T. de Gestion voisin où chaque année, dans le cadre même de leur scolarité, les élèves montent et jouent devant tous leurs camarades et professeurs une de mes longues pièces d'entreprise (Le Manager Gentilhomme par exemple, ou Tenebroso, le prince du plein emploi, ou Caroline et compagnie... une heure et demie de représentation pour une douzaine de personnages !). Depuis sept ans que dure ce qui a cessé d'être une expérience pour devenir presqu'une institution, il faut croire que, dans le cadre de leurs études, elle est perçue comme plus que positive.

UN THÉÂTRE SATIRIQUE : LA TÊTE DU PATRON ?

La satire est au cœur du théâtre de mœurs. C'est elle qui pique l'attention, c'est elle qui amuse, c'est elle qui fait réfléchir. Si vous supprimez la satire, vous vous condamnez à la banalité.

Mais qui dit satire dit objet de satire : en d'autres termes il faut qu'il y ait dans une pièce un individu ou une institution qui soit, gentiment ou vigoureusement, tourné en ridicule... Même si *in extremis* l'auteur parvient à lui sauver la face.

Dans le théâtre d'entreprise, la tentation est très grande (j'y résiste rarement) d'exercer le processus satirique vis-à-vis du pouvoir, c'est-à-dire vis-à-vis du patron ou du directeur et de son encadrement. En raison même de leur prééminence, ceux-ci portent en effet la responsabilité principale des dysfonctionnements que le théâtre satirique a pour objet de dénoncer. D'autre part il serait... disons indécent, sauf cas particuliers, de tirer sur l'ouvrier...

Certains patrons sont assez forts pour supporter ces « mises en boîte », voire même accepter d'entendre en présence de leur personnel une partie du message qui leur est adressé. Ils en ressortent affermis. D'autres reculent devant la satire. Pour deux raisons : parce qu'ils ne se sentent pas assez forts, parce qu'ils considèrent que leur personnel n'a pas la maturité suffisante. La première est respectable, la seconde ne résiste pas toujours à l'examen.

J'ai dit qu'il serait indécent de tirer sur l'ouvrier... A moins que le monde ouvrier lui-même, par l'intermédiaire de ses syndicats, ne décide de faire appel au théâtre pour se faire donner une représentation de lui-même et de ses travers. Pourquoi pas ?

Une bonne douzaine de raisons d'introduire le THÉÂTRE dans les congrès, séminaires, colloques...

Parce que le théâtre au milieu des exposés est un élément de variété et que la variété est un facteur d'attention et de plaisir, (« Tous les genres sont bons, hors le genre ennuyeux » disait déjà Boileau).

Parce que, saturés d'audiovisuel, les participants recevront une représentation théâtrale comme une sorte de petit événement.

Parce que, entre deux prestations doctrinales et abstraites, c'est une sorte de rafraîchissement que de revenir à quelque chose d'affectif et de concret : une tranche de vie entre deux tranches de pensée !

Parce que, pour dire la même chose d'une autre façon, le cerveau gauche est surmené par l'excès de la rationalité et qu'on le repose en faisant appel au cerveau droit (affectivité, spatialité, motricité).

Parce qu'une bonne pièce présente toujours un caractère humoristique et paroxystique qui permet d'aller bien au-delà de ce qui peut « raisonnablement » être dit.

Parce que l'animal humain ne mémorise bien que ce qui s'accompagne d'un choc affectif.

Parce que rien ne vaut, pour retenir l'attention, le fait de raconter une histoire.

Parce que les participants, en se projetant dans les personnages de la comédie, peuvent entendre, dire et accepter les choses qu'ils n'entendraient pas, ne diraient pas et n'accepteraient pas autrement... C'est le phénomène de la *catharsis* ou *purification* des dramaturges grecs, à travers l'identification et le transfert de nos modernes psychologues.

Parce qu'une pièce bien faite permet ensuite de raccrocher tous les concepts importants de la doctrine à une situation concrète qui leur donne vie, le comportement du héros pouvant être étudié et apprécié comme dans une sorte de laboratoire.

Parce qu'il n'est pas mauvais de rappeler que tous les travaux théoriques ont pour seule finalité la résolution d'un problème de vie : l'objet d'un congrès, c'est toujours l'homme. Une pièce de théâtre témoigne de sa présence.

Parce que le théâtre peut aller au-delà de ce qui est conceptualisable jusqu'à atteindre à l'émotion qui est le commencement de nos changements, la source profonde de toutes nos actions.

UN THÉÂTRE HUMORISTIQUE : DÉSAMORCER LES CONFLITS

Pour dire la même chose d'une autre façon.

L'humour est un excellent lubrifiant. Si les mécanismes relationnels de l'entreprise se grippent souvent, c'est parce qu'ils tournent à sec. Le sérieux est sec...

L'entreprise est par définition — non, pas par définition, mais de fait — le lieu d'individus auxquels on a appris à connaître la vérité et à se prendre au sérieux (à quoi servirait la formation ?). En haut comme en bas de la hiérarchie ! L'importance de leurs fonctions respectives n'implique-t-elle pas qu'ils aient un grand respect pour eux-mêmes et pour les grands messages dont ils sont porteurs ?

La conséquence est fatale : ils ne supportent pas la remise en cause. Et comme malgré tous leurs talents ils n'ont pas toujours raison et qu'en tout cas la raison de l'un n'est pas la raison de l'autre...

A l'opposé de cette culture « sérieuse », le théâtre peut contribuer à introduire dans l'entreprise la dose d'humour qui est nécessaire pour que des opinions trop dures et trop définitives s'amolissent et se transforment. Un homme qui accepte de rire de lui est sauvé : ceux qui l'entourent le sont doublement. La vie ne progresse qu'à travers une succession de remises en cause. L'humour est sans doute un des outils préféré de l'évolution créatrice.

UN THÉÂTRE EN FORME DE CAS : LA DOMINANTE AFFECTIVE...

Quel est d'autre part le mécanisme d'action de cette nouvelle forme pédagogique ? Dans un mode de formation où

PIÈCES PIÈCES PIÈCES
(l'Ouvrier, le Patron)

O — Eh, dites donc, patron, on n'est pas aux pièces, tout de même.

P — Si, justement. On est aux pièces.

O — C'est nouveau : je croyais qu'il ne fallait pas mettre de pièces neuves sur de vieux vêtements...

P — C'est vrai. Allez donc vous changer. Pièce par pièce... Et que ça saute !

O — Toujours aussi autoritaire. Vous êtes tout d'une pièce !

P — Mais oui : pour faire pièce à l'ennui, tout est permis.

O — Cher patron, je verse cette pièce à votre dossier.

P — Merci. Pièce à décharge, j'espère ?

O — Oui précisément. Pièce unique, s'il en est. Malheureusement.

P — Ou dites-moi, peut-être aussi pièce à conviction ?

O — Je ne m'y laisse pas prendre. Quoiqu'il en soit : à vos pièces. Prêts ? Fou à volonté.

P — Ah non, ménagez mon fou, c'est la meilleure de toutes les pièces de mon jeu.

O — Avec votre fou ! Ce dont j'ai besoin, c'est d'une pièce maîtresse.

P — Vous, avec vos histoires de cul : le fou aux poudres, le plaisir aux pièces ?

O — Vous n'y comprenez rien. Je vais tout faire péter : l'entreprise en pièces !

P — Attention : ne la cassez pas, c'est tout de même une pièce rare.

O — Pas tant que ça, pièce rapportée, tout au plus.

P — De rapport, vous voulez dire. Une pièce de résistance, en tout cas !

O — Vraie-fausse pièce, plutôt : il y en a qui le disent.

P — Si vous me la cassez, mon entreprise, j'en ferai une neuve, de toutes pièces.

O — Alors prévoyez donc quelques pièces de plus : j'aime mes aises.

P — De toute façon, résistante ou pas, elle était faite de pièces et de morceaux !

O — Comme ça pas de regrets. Et pour l'inauguration de cette pièce d'apparat ?

P — On mettra une grosse pièce en perce : ça nous remplira la soirée.

O — Plusieurs petites pièces, s'il vous plaît, mon bon monsieur ; bien ventrues !

P — Les pièces comptables sont toujours arrondies au franc supérieur.

O — Je vous reconnais bien : moi qui vous rends toujours la monnaie de vos pièces.

P — Je ne le sais que trop. Inaugurons. Belle pièce, avouez-le !

O — A force de monter des pièces, vous allez finir par vous faire descendre.

P — J'aurais tout de même aimé avoir le dernier mot...

domine officiellement la rationalité, c'est de faire appel à l'émotion et de s'adresser à l'affectivité. Une pièce de théâtre est un « cas » dans lequel les éléments chiffrés habituellement fournis en abondance par les pédagogues sont remplacés par les éléments qualitatifs : des attitudes, des conflits, des préjugés, des modes de comportement, qui sont ce que l'homme a de plus intime et de plus dynamique.

Mais, insistera-t-on, seuls les chiffres sont fiables. Oui, mais les chiffres sont le produit des comportements qui eux sont placés sous le signe de l'approximation, de l'adaptabilité, de l'humeur,... L'entreprise est avant tout le lieu des passions. Aussi longtemps qu'on voudra, angéliquement, la considérer comme le lieu du raisonnement, on restera sans prise sur elle.

Je me souviens qu'un jour les comédiens sont rentrés d'une représentation un peu inquiets... Oh ! ils avaient bien joué, on les avait applaudis... Mais des coulisses, en se changeant, ils avaient entendu dans la salle une vive — non, plus qu'une vive, une violente — discussion qui durait encore lorsqu'ils s'étaient retirés. Le lendemain je donnai un coup de téléphone... Une violente discussion ? Bien sûr. Pour certains les choses qu'ils avaient vues sur scène étaient impossibles au sein de leur entreprise. Mais pour les autres : Vous n'avez qu'à regarder ce qui se passe ici et ici et encore là ; untel et untel ne se comportent pas d'autre façon. Le reste de l'après-midi avait permis, à travers la pièce représentée, de faire une sérieuse séance de lavage de linge sale qui n'aurait peut-être jamais eu lieu sans ça. Théâtre-miroir !

UN THÉÂTRE MYTHIQUE : LA FABRICATION D'UNE CULTURE

Une société ne vit que par les Mythes dont elle est porteuse.

Dans une entreprise, l'opération qui consiste à fabriquer du mythe est plus importante que l'opération qui consiste à fabriquer des produits. Dans un langage plus prosaïque on appelle ça : une politique ou un projet... Mais ce sont des mots faibles qu'on a de la peine à charger de toute la signification qu'on voudrait leur donner. De quoi s'agit-il en effet ? De rassembler les énergies de tous les membres de l'entreprise autour d'une « foi », d'une conviction fondamentale, d'une passion commune... de toucher aux sources mêmes de l'action.

Or, dans l'histoire des civilisations, le théâtre a toujours été très étroitement associé à la création et à l'entretien des Mythes fondateurs. Pour quelle raison ? Parce qu'il permet d'incarner ces mythes dans des histoires exemplaires qui frappent l'imagination et se gravent dans les mémoires : justement parce qu'elles sont des histoires concrètes, vécues par des personnages bien caractérisés, qui peuvent être pris comme modèles ou du moins comme références. Et encore parce que leur fixation par l'écriture en permet à des rythmes réguliers la représentation renouvelée en présence d'une « assemblée » qui vibre à l'unisson.

En élargissant le propos, nous tombons sur... attention à ce que je vais dire ! la culture. Nous y voilà ! Mais non pas la culture considérée comme une somme de connaissances et d'expériences d'ordre esthétique et de caractère marginal réservée à une élite dite précisément « cultivée ». Mais la culture au sens où l'entendait Malinowski : la connaissance des instruments et des institutions d'une société (ce qui n'exclut pas que l'on plonge jusqu'à ses racines !). Ou encore l'ensemble des convictions et des valeurs qui donne à un corps social sa force ou sa cohérence... Il s'agit là de cultures vivantes par opposition à des cultures mortes, ou du moins endormies.

Encore un mot. Ce qui caractérise l'homme est la capacité de réfléchir sur lui-même et de se donner de lui-même des représentations. L'entreprise industrielle est un objet à propos duquel on a beaucoup phosphoré techniquement ; mais elle ne deviendra réellement un des objet de notre société que lorsqu'on en aura multiplié les représentations artistiques (romans, poèmes, peinture, sculptures, théâtre, cinéma...) C'est par cet effet de miroir que la vie devient culture. Mais que les artistes courent vite pour la rattraper : paradoxalement l'entreprise industrielle est déjà devenue depuis longtemps (on peut apprécier ou non, mais c'est un fait) le lieu où, sans toujours qu'ils le sachent, s'élabore notre civilisation.

Tout ceci est bien solennel pour introduire quelques petites pièces en un acte. On ne peut pas empêcher un ingénieur-conseil devenu auteur dramatique de rêver. Pardonnez-le lui.

ANALYSE THÉMATIQUE DES PIÈCES SUR LA QUALITÉ

Pages

Le sujet principal de ces pièces est évidemment la qualité. Mais elles touchent à un grand nombre d'autres thèmes, ce qui permet de les utiliser dans beaucoup d'autres circonstances.

Attention : A la lecture, ces comédies peuvent paraître exagérément chargées et trop lourdement critiques.

C'est la loi du genre. La représentation transforme tout : la scène donne toujours une « distance » qui permet aux traits les plus durs de passer parfaitement.

Et tant mieux si elles suscitent des discussions !

PERTES ET PROFITS

(ou LE MYSTÈRE DES COÛTS CACHÉS)

Un manœuvre de fabrication s'est livré à des analyses inquiétantes sur les conséquences de sa démotivation et de son laisser-aller. Il en tire argument pour obtenir une augmentation substantielle et une promotion.

La scène se passe dans une petite entreprise de produits d'entretien.

Monsieur le Directeur est un homme précis, sec, impatient, efficace, qui économise ses mots (à la Jouvet). Blanchard est au contraire un bavard, enveloppant et matois, dont l'allure un peu fruste dissimule beaucoup d'astuce.

SCÈNE 1

(L'atelier de fabrication. On entend un bruit de fond.)

Le Directeur : Alors, Blanchard, ça tourne ?

Blanchard : Ma foi, monsieur le Directeur, pour tourner, ça tourne... Ça tourne et ça retourne. Tous les jours que le bon Dieu fait.

Le Directeur : Parfait, Blanchard, parfait.

Blanchard : Ce n'est pas que ça ne grince pas un peu de

temps en temps : même que ça en devient désagréable. Mais pour tourner, ça tourne.

Le Directeur : Ça grince ? Si ça grince, faut lubrifier, Blanchard. Surtout si c'est désagréable. (Il) n'y a pas de raison. Tout grincement est le signe d'une anomalie. Ça m'étonne que ce soit moi qui doive vous dire ça... Vous êtes un vieux routier !

Blanchard : Je voudrais bien, monsieur le Directeur, mais...

Le Directeur : Mais quoi ?

Blanchard : Mais ils n'ont pas l'huile qu'il faut au magasin.

Le Directeur : Qu'est-ce que c'est que cette histoire ?

Blanchard : C'est pas une histoire. C'est la vérité... Ce qu'il faudrait, c'est quelque chose comme... de l'huile de tête.

Le Directeur : De l'huile de tête ?

Blanchard : Oui, monsieur le Directeur. C'est là-dedans que ça grince.

Le Directeur : (Vous) plaisantez, Blanchard !

Blanchard : Pas du tout, monsieur le Directeur. Les machines, elles marchent. C'est le bonhomme qui ne tourne plus rond.

Le Directeur : Je vois, Blanchard. Vous avez des états d'âme.

Blanchard : Des quoi ?

Le Directeur : Des états d'âme. On ne s'entend pas ici !

Blanchard : S'il n'y avait que le bruit ! Mais c'est surtout la poussière. Des états d'âme ? Si c'est comme ça que ça s'appelle, oui.

Le Directeur : Alors, allez voir le psychologue. Il en a de l'huile de tête, lui... Des états d'âme !

Blanchard : J'aimerais mieux avoir une conversation avec vous, monsieur le Directeur.

Le Directeur : (Je ne) suis pas votre nounou, Blanchard. Qu'est-ce que vous voulez que j'y fasse à vos états d'âme ? Je ne m'intéresse pas aux états d'âme, moi.

Blanchard : Pour une fois que vous êtes venu me voir dans mon atelier, monsieur le Directeur. J'irais bien vous voir dans votre bureau. Bavarder un peu.

Le Directeur : Si vous y tenez absolument, Blanchard...

Blanchard : J'arrête l'atelier à seize heures. Le temps de nettoyer, de prendre une douche. Est-ce que vous pouvez me recevoir à dix-sept heures ? De toute façon, vous ne partez pas avant dix-huit heures, dix-huit heures trente, vous.

Le Directeur : Entendu, Blanchard, à dix-sept heures... Mais je vous préviens, si c'est pour me demander une augmentation, vous perdez votre temps.

Blanchard : Depuis vingt-trois ans que je suis le manœuvre de fabrication, j'ai jamais rien demandé.

Le Directeur : C'est vrai, Blanchard. A ce soir.

SCÈNE 2

(Le bureau du directeur.)

Le Directeur : Entrez, Blanchard. Asseyez-vous. Alors ? Vous avez voulu me voir. Me voilà.

Blanchard : Merci, monsieur le Directeur. Vous ne le regretterez pas.

Le Directeur : (Je) l'espère bien ! (De) quoi sagit-il ?

Blanchard : Eh bien ! voilà. Je trouve que l'usine, elle perd des sous.

Le Directeur : Qu'est-ce que vous en savez, Blanchard?

Blanchard : Oh ! bien sûr, je ne sais pas tout. Mais dans mon petit coin il y a une fuite. Une petite fuite bien sûr... mais les petits ruisseaux font les grandes rivières.

Le Directeur : Ah ! Ah ! Dites-moi ça Blanchard. Une fuite ?

Blanchard : Oui. Depuis deux ou trois ans.

Le Directeur : (Depuis) deux ou trois ans ? (Eh) bien ! dites donc. Quelle fuite ?

Blanchard : C'est à cause de cette fuite que je suis venu. Est-ce que je n'ai pas bien fait ?

Le Directeur : (Mais) bien sûr que si. (Na)turellement.

Blanchard : Si ç'avait été une fuite de solvant, ou une fuite de vapeur, ou même une fuite d'eau, vous vous en seriez tout de suite aperçu et vous auriez réparé depuis longtemps. Mais une fuite d'argent, bien sûr, vous ne pouvez pas la voir.

Le Directeur : Expliquez-vous, Blanchard. (Est-ce que vous) me prenez pour un imbécile ?

Blanchard : Comment pouvez-vous dire ça ! Si c'était vrai, je ne serais même pas venu vous trouver... Monsieur le Directeur, est-ce que vous avez assisté à un des séminaires de monsieur Jarosmir ? Nous y avons tous été, en rang par trois. Formation permanente.

Le Directeur : Non, Blanchard. Moi, la communication, je sais ce que c'est. (Il) y a bien longtemps ! Pas de temps à perdre, moi.

Blanchard : Eh bien ! moi, j'y ai peut-être perdu un peu de temps, mais j'y ai découvert des choses... par exemple, je ne savais pas ce que c'était que la motivation.

Le Directeur : Je me demande vraiment si ces séminaires, c'était une bonne idée... De là à foutre la merde !

Blanchard : Mais pas du tout, pas du tout !... La motivation, ce n'était pas clair dans mon esprit. La motivation, c'est pour ainsi dire quand on a tellement envie de faire une chose qu'on serait capable de tuer son père et sa mère... non, ça, ce serait plutôt une pulsion. Mais la motivation... voilà, on oublierait de déjeuner pour finir ce qu'on a à faire. Oui, c'est un bon exemple. Et on ne s'en apercevrait même pas. Moi, quand je suis à la pêche...

Le Directeur : (Je) croyais que vous étiez venu me parler d'une fuite ?

Blanchard : Mais c'est bien ce que je fais. Seulement il fallait que je sache si vous avez les prérequis.

Le Directeur : (Les) pré quoi ?

Blanchard : Les prérequis... Cela veut dire si vous êtes prêt à bien comprendre mon message. Si vous avez toutes les connaissances de base qu'il faut pour...

Le Directeur : D'où sortez-vous ça, Blanchard ?

Blanchard : C'est monsieur Jarosmir qui nous l'a expliqué. Si quelqu'un n'a pas les prérequis, c'est comme si on lui parlait russe.

Le Directeur : Il a dit russe ! Bon Dieu, Blanchard, cette fuite ? Qu'est-ce que vous en savez si je n'ai pas les prérequis ?

Blanchard : Si vous tenez à prendre le risque, voilà : moi, quand on n'est pas motivé, j'appelais ça avoir mal aux cheveux. Vous savez le matin, quand on n'a vraiment pas envie de se lever pour aller travailler... Moi, c'est comme si j'avais une boule, là. Oh ! bien sûr, il y a bien longtemps que ça m'arrive... Seulement autrefois, vous savez ce que c'est, je me forçais un peu, je venais quand même. Et puis ça finissait par repartir. Mais maintenant, depuis deux ou trois ans justement, j'ai plus tellement envie de me forcer, et de temps en temps je me fais porter raide. Oh ! bien sûr, pas aussi souvent que les dames du conditionnement, mais tout de même... peut-être une fois, deux fois par mois, en moyenne. Faut dire que depuis qu'on a été mensualisé, ça encourage pas.

Le Directeur : (C'est) pour me parler de ça que vous êtes venu me voir ? De toute façon, l'absentéisme est intégré dans les prix de revient. Ça me choque, mais (Il) faut vivre avec son temps.

Blanchard : Oui, mais pour moi je ne suis pas sûr que vous sachiez bien ce que ça vous coûte.

Le Directeur : Ne vous surestimez pas, Blanchard. Mais je reconnais que la conscience professionnelle, ça n'a pas de prix.

Blanchard : C'est bien ça... Quand j'ai tiré ma flemme un jour ou deux et que je reviens à l'atelier, je me rends bien compte que ça n'a pas de prix... Ça vous intéresse, monsieur le Directeur ?

Le Directeur : (Mais na)turellement que ça m'intéresse. Votre sincérité a quelque chose de désarmant.

Blanchard : Alors, écoutez-moi.

Le Directeur : Oui, mais soyez bref, Blanchard.

Blanchard : D'abord le matin, quand je ne suis pas là, personne ne s'en aperçoit. Il faut attendre neuf ou dix heures qu'il y ait une rupture à la mise en sachets. « Bon Dieu, qu'est-ce qu'y fout, Blanchard ? » On téléphone à l'atelier. Personne. On téléphone au chef. « Suis pas au courant » — C'est un chef sur le papier — On téléphone à l'ingénieur de recherche. « Que voulez-vous que j'y fasse ? » Pendant ce temps, il y a trente bonnes femmes qui sont arrêtées. Toute la chaîne, quoi... Trois quarts d'heure, une heure. Finalement, l'ingénieur se décide. Il plante son boulot au laboratoire — son boulot, peut-être que c'est urgent, on ne sait jamais — et il descend à l'atelier. Effectivement, pas de Blanchard. Il appelle la contremaîtresse. « Qu'est-ce qui vous manque ? » — « Du parme. » Remarquez que je ne suis pas un salaud. Le parme, je l'ai préparé la veille. mais le temps qu'ils le trouvent... Ça y est, la chaîne est repartie. A ça près que sur la chaîne il n'y a plus que vingt-huit dames, parce qu'il y en a deux qu'on a fait descendre à l'atelier du mélange pour me remplacer. Et même qu'elles ne sont pas contentes, parce que cette saleté de colorants ça fait une poussière, ça leur remonte jusque sous les jupes... Vous ne saviez pas ça, monsieur le Directeur ? Bon, alors avec l'ingénieur elles essaient de préparer les bidons pour les fabrications suivantes... Je ne veux pas vous faire le détail, monsieur le Directeur, mais elles n'y connaissent rien... J'ai fait une petite liste.

Le Directeur : (Une) liste de quoi ?

Blanchard : Une liste des conséquences.

Le Directeur : Conséquences, conséquences... Vous ne croyez pas que vous vous faites un peu mousser ?

Blanchard : C'est ce que j'ai pensé d'abord. Et puis en regardant de près... voilà : quand j'ai tiré ma flemme une journée, premièrement : on me gaspille des pleins bidons de colorant, j'ai plus qu'à les mettre au noir ; mais du noir, y en a pour trois ans d'avance. Deuxièmement : il y a du dégât dans l'atelier... je ne sais pas, moi, un moteur grillé, des courroies cassées... et puis le désordre ! Troisièmement : au conditionnement, avec les ruptures, on perd 150 000 sachets... Si, si, 150 000. Ça compte ! Quatrièmement : les expéditions aux clients chutent de 12 %... forcément ! Cinquièmement : retours des clients... Quand on leur a mis du jaune à la place du vert : pas étonnant ! Plus d'autres trucs comme ça, les lettres de réclamations, les remboursements : 1 ou 2 % du chiffre de la journée. Sixièmement : tout ce que la concurrence en profite pour nous piquer comme clients. J'ai pas besoin de vous faire un dessin : ça peut aller chercher loin et pour longtemps.

Le Directeur : Dites donc, Blanchard, vous vous prenez pour le centre du monde.

Blanchard : Je vais pas jusque là... mais, centre ou pas centre, j'ai demandé à monsieur Henri de me faire un chiffrage.

Le Directeur : Qui est-ce qui vous a autorisé ?...

Blanchard : Ça ne fait de mal à personne. Moi je n'ai pas de machine à calculer. Et puis je compte bien, mais je calcule mal. Lui, il a tout de suite mis ça sur l'ordinateur.

Le Directeur : Voyez-vous ça !

Blanchard : Eh oui ! ça permet de faire des simulations... Enfin bref, une journée d'absence de Blanchard, ça coûte — bien pondéré, avec des probabilités raisonnables — une fourchette de 147 300 F à 154 200 F, en gros 150 000. Voyez, c'est écrit là. Y compris le fait que septièmement : les deux dames qui descendent me remplacer, elles ne se laissent pas piéger une seconde fois. Le lendemain, c'est leur tour de se faire porter malades. Naturellement, avec ces colorants qui s'infiltrent partout : faut voir les draps après...

Le Directeur : Blanchard, vous êtes gonflé !

Blanchard : C'est pour ça que je ne m'absente jamais plus d'un jour. Faut pas charrier.

Le Directeur : (Heu)reusement, Blanchard. C'est de la pure bonté.

Blanchard : Mais non, monsieur le Directeur, c'est la moindre des choses. Mais ça m'effraie un peu : 150 000 F, ça fait un paquet ! Voilà : c'est ça la fuite. Je ne sais pas si c'est vraiment une question d'états d'âme ou non, mais ça coule gros quand même. Quand je pense que moi, je gagne seulement 224 F par jour !

Le Directeur : Analyse lucide et courageuse, Blanchard. Qu'est-ce que vous suggérez... en dehors du fait de vous foutre à la porte, si vous continuez comme ça.

Blanchard : Monsieur le Directeur, c'est pas possible, vous le savez bien.

Le Directeur : Hélas, Blanchard hélas ! La bonne tradition ouvrière se perd. Alors ?

Blanchard : Il ne me vient même à l'esprit de vous demander une augmentation.

Le Directeur : Vous auriez pu vous faire accompagner par le délégué du personnel.

Blanchard : Surtout pas : il ne comprend rien aux intérêts des patrons ! Mais j'avais pensé que, peut-être, l'augmentation, vous y penseriez tout seul. (Silence) Ou alors... mais ça risque de vous donner des états d'âme, à vous...

Le Directeur : Ou alors quoi ?

Blanchard : Ou alors vous me donneriez une prime de... comment ça s'appelle ? Enfin une prime, si je suis là tous les jours de la semaine. Une prime qui pourrait aller jusqu'à me doubler mon salaire. Ça me stimulerait, comme dit monsieur Jarosmir.

Le Directeur : (Une) prime d'assiduité ! (Vous) rêvez, Blanchard ! (Je) vous paie déjà pour être à votre boulot tous les jours. Et pour que vous y soyez effectivement, il faudrait que je double la mise. Ça offense la logique !

Blanchard : Vous y gagneriez ! La logique... Faut être réaliste, monsieur le Directeur. Si vous vous absentez un jour, vous, rien ne se passe. Il y en a même qui disent que ça irait plutôt mieux.

Le Directeur : Je ne vous oublierai pas dans mes prières, Blanchard.

Blanchard : Mais si c'est le manœuvre de fabrication qui s'absente, la boîte perd 150 000 balles.

Le Directeur : Vous voulez que je vous donne ma place ?

Blanchard : Surtout pas. Mais faut pas faire de sentiment. Ça vaut le coup de récupérer 150 000 balles par mois. Ils me fendent le cœur, ces 150 000 balles.

Le Directeur : Et... qui me dit que vos chiffres ne sont pas bidon ?

Blanchard : Nous les avons retournés dans tous les sens avec monsieur Henri. Il n'y a pas moyen d'y échapper. Il paraît que ça s'appelle les coûts cachés.

Le Directeur : Vraiment !

Blanchard : Les coûts cachés, c'est un peu mystérieux, forcément !

Le Directeur : Tiens donc !

Blanchard : Oui, mais quand on y réfléchit un peu, ça paraît évident.

Le Directeur : Vous trouvez ? Des évidences comme ça...

Blanchard : Mais si, monsieur le Directeur... Réfléchir, vous êtes toujours après ça ! Je vais vous expliquer. Si vous demandez à monsieur Henri de vous apporter le montant des salaires, il vous le donne tout de suite. Ce n'est pas « caché »... enfin pas pour tout le monde. Si vous lui demandez les frais d'électricité, aucun problème...

Le Directeur : Où voulez-vous en venir ?

Blanchard : Attendez un peu : vous voulez toujours avoir résolu les problèmes avant même de les avoir posés ! Si vous demandez le compte fournisseurs, c'est tenu au petit poil.

Le Directeur : Ça va, j'ai compris, Blanchard. Si je demande la trésorerie, on me la donne.

Blanchard : La trésorerie, c'est moins évident. Mais enfin, passons : on vous la donne.

Le Directeur : Vous me faites perdre mon temps, Blanchard.

Blanchard : Mais si vous demandez par exemple ce que ça coûte quand madame Courtine oublie de mettre de la colle dans la machine à faire les sachets...

Le Directeur : Mais enfin, c'est impossible !

Blanchard : Ah oui ! Décidément je ne m'imaginais pas qu'il y avait tant de choses qui vous soient cachées. Non seulement vous ne savez pas ce que ça coûte, mais vous ne savez même pas que ça existe. Monsieur Gendre, qui reçoit la lettres de réclamations des clients, il est parfaitement au courant.

Le Directeur : Ah oui !... Admettons. Je me ferai apporter le dossier.

Blanchard : Eh bien ! moi, si j'étais à votre place, ça m'intéresserait drôlement de savoir à combien reviennent les vapeurs de madame Courtine : elle en a de plus en plus souvent. Ou encore combien j'ai payé pour le départ de Jeanine.

Le Directeur : Mais, rien du tout.

Blanchard : C'est ce que vous vous imaginez. Et l'accident d'Odette Levasseur ? Là, on a drôlement morflé.

Le Directeur : Mais voyons : qu'est-ce que ça peut me faire ce que ça coûte. Je n'y peux rien.

Blanchard : Et la grève de septembre dernier ?

Le Directeur : Encore moins : ça m'échappe.

Blanchard : Eh bien ! monsieur le Directeur, moi je crois que vous y pouvez beaucoup, à tout ça. C'est peut-être même les seules choses que... enfin où vous puissiez y faire quelque chose. Et ça couvrirait largement nos pertes, que ça ne m'étonnerait pas.

Le Directeur : Blanchard, cessez de me faire la leçon. Les machines, je connais. On n'est pas ingénieur pour rien. Mais les humeurs des bonnes femmes : connais pas. J'ai pas envie d'y mettre les doigts. Dites-vous ça une fois pour toutes. Merci pour cet exposé brillant et documenté. Revenons à votre cas.

Blanchard : Justement c'est un bon exemple.

Le Directeur : Et alors, Blanchard ?

Blanchard : Et alors, supposez que je renonce à m'absenter bien régulièrement une fois par mois. Par an, ça fait 150 000 par 12… non, par 11 — je ne vais tout de même pas venir pendant mon congé — 150 000 par 11, ça fait 1 650 000 F de bénéfice brut. Bien. Moi, si je vous demande, disons 5 000 F de plus par mois — là sur 12 mois, je suis honnête — 5 000 par 12, ça fait 60 000 F par an… C'est bien ça, monsieur le Directeur ?

Le Directeur : (Vous ne) calculez pas si mal, Blanchard.

Blanchard : 1 650 000 F moins 60 000 F, ça fait… alors là je cale.

Le Directeur : Ça fait 1 590 000 F.

Blanchard : Peut-être bien. Alors, ça vous fait 1 590 000 F de bénéfice net par an. Et pas des anciens francs, attention. Et comme vous, monsieur le Directeur, vous êtes intéressé aux bénéfices…

Le Directeur : Comment savez-vous ça, Blanchard ?

Blanchard : Mais tout le monde le sait. Dix pour cent. Donc, ça vous fait à vous 159 000 F de prime. Il faut être lucide. Vous n'avez pas de raison de négliger vos intérêts.

Le Directeur : (E)coutez, Blanchard, vous ne vous imaginez pas que je vais céder à un chantage pareil ?

Blanchard : Comme vous voudrez, monsieur le Directeur. Oh ! ça n'a pas d'importance en ce qui me concerne. En un sens, je serais même bien content. Mon gendre vient d'ouvrir un garage à Chazelles et il me propose une bonne place. Je peux toujours accepter.

Le Directeur : C'est ça, Blanchard, acceptez, acceptez. Des raisonneurs dans votre genre, je n'en veux pas. Je ne peux pas vous foutre à la porte, mais si vous voulez partir...

Blanchard : Vous n'y verriez pas d'inconvénients ?

Le Directeur : Mais au contraire, Blanchard, au contraire.

Blanchard : Le cambouis, ça tache, mais c'est quand même moins pénétrant que cette saleté de poussière de colorants. Si vous voyiez mes mouchoirs quand je suis enrhumé : de toutes les couleurs ! Tenez, regardez (Il se mouche)... Tout vert ! Alors c'est vrai, je pourrai partir ?

Le Directeur : Je ne vois pas ce qui pourrait vous en empêcher.

Blanchard : Mais ma conscience, monsieur le Directeur. Ma conscience professionnelle. Je suis de la vieille école.

Le Directeur : (Ne) vous faites pas de scrupules. Je ramasse le premier bicot venu et ça fait l'affaire.

Blanchard : C'est bien ce que je me disais... Et puis, à bien y réfléchir...

Le Directeur : A bien y réfléchir quoi ?

Blanchard : C'est pas que le métier soit bien difficile... mais il faut connaître...

Le Directeur : Allons, Blanchard avec les formules et les poids, n'importe qui...

Blanchard : Justement, monsieur le Directeur, y a pas de formules. L'ingénieur de recherche, il n'aime pas la paperasse. Alors, quand il y a un nouveau mélange, je monte le voir et sur le dos d'une enveloppe il me griffonne quelques chiffres. Une formule pour 100 kg. « Ça ira comme ça, Blanchard ? » Et puis, débrouille-toi. Alors, qu'est-ce que je fais, moi ?

Le Directeur : Qu'est-ce que vous faites, Blanchard ?

Blanchard : Eh bien ! je me suis dit : « Tu peux pas laisser perdre tout ça, Blanchard, tu te ferais foutre à la porte. » Alors j'ai acheté, avec mon argent à moi, un petit carnet, et le soir après le travail, avec un stylo à moi, je note les formules bien au propre. Comme ça, quand il faut fabriquer de nouveau...

Le Directeur : Eh bien ! c'est très bien, Blanchard.

Blanchard : Eh oui ! Mais ce carnet, il est personnel. Si je m'en vais, je l'emporte. C'est des souvenirs... On y tient. Vingt-trois ans que j'ai passés. Je veux pouvoir montrer ça à mes petits-enfants. Et justement ma fille — celle qui va acheter un garage — elle est enceinte.

Le Directeur : Compliments, Blanchard. Mais pour ce qui est du carnet, rassurez-vous. L'ingénieur de recherche, il me reconstituera ça en vingt-quatre heures.

Blanchard : Oh ! là ça m'étonnerait. Parce qu'il ne calcule jamais deux fois la même chose. Eh oui ! on a beau être ingénieur, on peut être poète. Mais surtout, quand il y a des retouches à faire aux coloris, ce n'est pas lui que le marketing vient voir, c'est moi... Et je leur arrange la formule à ma façon. C'est comme ça que ça marche. Ils m'apportent un morceau de tissu de couleur et ils me disent : « Voilà, c'est ça que nous voulons. » Alors, une poignée d'ocre, une pincée de vert, un rien de bleu pour faire chanter le vert... Je ne me trompe jamais.

Le Directeur : Mais Blanchard, c'est insensé, qu'est-ce que vous me racontez là ?

Blanchard : Mais la vérité, monsieur le Directeur, la vérité.

Le Directeur : Mais à quoi sert l'ingénieur de recherche ?

Blanchard : Lui, il cherche, il cherche... Peut-être qu'un jour il trouvera. En attendant, à dix heures du matin, tous les jours il est bourré.

Le Directeur : Où avez-vous été chercher ça ? (décrochant le téléphone) Passez-moi monsieur Picou... Il est parti ?... On l'a ramené chez lui ?... Ah !... Je voudrais la formule du rouge carmin... Vous n'avez pas ça ?... Aucune formule ?... Je n'ai qu'à demander à Blanchard ?... Très bien, merci. (Il raccroche) Vous avez raison, monsieur Blanchard... Vous permettez que je vous appelle monsieur Blanchard ? Vous vous êtes bien placé. Encore une fois, qu'est-ce que vous proposez ?

Blanchard : Moi, si j'étais vous, monsieur le Directeur — sauf votre respect — je ferais un petit effort.

Le Directeur : Ça ne vous intéresse plus, le garage ?

Blanchard : Si, si, monsieur le Directeur, ça m'intéresse toujours... mais on a quand même ses fidélités.

Le Directeur : Et si en plus du cambouis il faut travailler sous les ordres de son gendre... (N'est-)ce-pas, Blanchard ? Pardon, monsieur Blanchard.

Blanchard : Il est très gentil, mon gendre.

Le Directeur : En famille, c'est toujours délicat. On finit par se taper sur la figure.

Blanchard : Est-ce que vous chercheriez à me retenir ?

Le Directeur : (Vous) ne le sentez pas ?

Blanchard : Entre nous, vous avez raison. Savez-vous ce que ça vous coûterai si je partais ? Embaucher un remplaçant, le former — ou plutôt attendre qu'il se forme — courir le risque de le voir démissionner au bout de trois mois parce qu'il n'aime pas se moucher vert, attendre qu'il ait redécouvert tous mes petits tours de main pour faire marcher les machines — à moins qu'il n'en demande des neuves, chacune avec leur ordinateur. Et puis, qu'il soit bon coloriste. Et puis qu'il plaise aux dames du conditionnement. Et qu'il ait retrouvé les 343 formules de teinture. Enfin bref, pour que ça tourne rond, il vous faut un an à un an et demi. J'ai demandé à monsieur Henri de me faire un petit calcul. Il y en aurait — je rougis de le dire — pour quatre millions et demi. Et encore en supposant que vous ayez de la chance... Je suis pas un capitaliste, moi, mais je suis un capital.

Le Directeur : Je viens de vous dire, monsieur Blanchard, qu'il n'était pas question de vous laisser partir. Voyons...

Blanchard : Je suis même un brenne capital.

Le Directeur : Qu'est-ce que vous dites ?

Blanchard : Un capital cervelle, en français.

Le Directeur : En effet, monsieur Blanchard, en effet.

Blanchard : Je ne sais pas ce que vous allez pouvoir faire. Déjà que ma prime d'assiduité vous restait en travers du gosier.

Le Directeur : Écoutez, monsieur Blanchard, il faut que je réfléchisse à tout ça... Si je comprends bien, vous n'êtes pas absolument opposé à continuer à travailler pour nous.

Blanchard : Mais non, monsieur le Directeur. Si seulement on pouvait arrêter toutes ces fuites. Ça me fait faire du souci.

Le Directeur : Laissez-moi jusqu'à vendredi.

Blanchard : Bien entendu.

Le Directeur : Je vous donnerai ma réponse. (Se levant) Monsieur Blanchard, je vous remercie de la franchise avec laquelle vous m'avez parlé. Elle vous honore.

Blanchard : Voilà ce que c'est que de suivre des séminaires de communication. Qu'est-ce que je dis à mon gendre ?

Le Directeur : (Ça ne) peut pas attendre vendredi ?

Blanchard : Peut-être que si. Mais vendredi, sûr alors.

Le Directeur : (Je) viens de vous le dire, monsieur Blanchard. Pour prendre mes décisions, (Il) me faut quand même un peu de temps.

Blanchard : Au revoir, monsieur le Directeur. J'ai pas été trop long ? (Regardant sa montre) Vingt-cinq minutes. Soyez tranquille. C'est pas du temps perdu. Allons, à vendredi.

SCÈNE 3

(Le vendredi. De nouveau l'atelier de fabrication avec le bruit de fond.)

Le Directeur : Voilà, monsieur Blanchard. J'ai pensé à vous.

Blanchard : Merci, monsieur le Directeur.

Le Directeur : Votre prime d'assiduité : pas question. Je ne veux pas faire de précédent.

Blanchard : Tant pis. Pour le garage, mon gendre est toujours d'accord.

Le Directeur : Attendez un peu. Par contre, je suis disposé à vous nommer contremaître de fabrication aux appointements de 10 000 F par mois.

Blanchard : Qu'est-ce que vous avez dit ?

Le Directeur : Contremaître de fabrication.

Blanchard : Moi ?

Le Directeur : Oui. Appointements 10 000 F. Caisse des Cadres, sixième semaine et tout le tra-la-la.

Blanchard : Vous ne me faites pas un poisson d'avril ?

Le Directeur : Jamais de la vie.

Blanchard : Contremaître de fabrication !

Le Directeur : Oui, monsieur Blanchard. A deux conditions : premièrement, pas d'absentéisme pour les contremaîtres. Vous êtes ici tous les jours.

Blanchard : Naturellement.

Le Directeur : D'ailleurs je pense que vous n'aurez plus d'états d'âme.

Blanchard : Bien sûr que non. Avec ça !

Le Directeur : Deuxièmement, vous m'établissez des fiches officielles pour toutes les formules de fabrication.

Blanchard : Ça ne sera pas fait du jour au lendemain.

Le Directeur : Dans un délai de six mois... Avec un double pour le laboratoire.

Blanchard : Comme ça, ça va.

Le Directeur : Et en plus, je vous ferai faire une petite cabine vitrée dans l'atelier pour mettre votre bureau. Question poussière, poussière et bruit. Et vous assisterez aux réunions des chefs de service.

Blanchard : J'aurais pas osé demander tout ça.

Le Directeur : C'est comme si c'était fait. Nous sommes d'accord ?

Blanchard : Oui, monsieur le Directeur.

Le Directeur : Je vous posterai ce soir votre lettre de nomination.

Blanchard : Cochon qui s'en dédit. (Ils se serrent la main.)

Le Directeur : Juré, craché. On arrosera ça à la prochaine occasion.

Blanchard : N'y a qu'une chose qui m'ennuie. (En baissant le ton) Je n'ai pas de gendre, monsieur le Directeur.

Le Directeur : Ni de fille non plus... J'ai regardé votre dossier... personnages virtuels parfaitement nécessaires à la clarté de votre démonstration. Très ingénieux ! Le résultat obtenu, ils disparaissent. Je n'ai peut-être pas suivi les séminaires de communication, mais quand j'ai les prérequis, je pige vite.

Blanchard : Ça vous a tout de même pris trois jours...

Le Directeur : Il faut avoir beaucoup d'indulgence pour le personnel de direction, monsieur Blanchard. Vous en faites partie maintenant. A bientôt.

LA SOLUTION DU CHEF

Dans une entreprise moyenne, un directeur toujours pressé se laisse aller à résoudre les problèmes avant de les avoir posés : en particulier celui qu'il aborde ce matin avec son adjoint Gilbert. Ce dernier le ramène patiemment à la réalité et finit par lui faire adopter une solution originale et efficace...

Le directeur est un homme intuitif, dynamique, pagailleur, versatile, sympathique au demeurant. Gilbert est solide, patient, rusé, réaliste...

1

Le Directeur : (Entrant) Ah ! vous êtes déjà là. Voilà, mon vieux... J'y ai réfléchi ce matin en me rasant. Il faut que nous réglions ça en vitesse... Je ne veux pas qu'il y ait d'interruption dans le service.

Gilbert : Oui, bien sûr. Il me semble...

Le Directeur : C'est très important, Gilbert. Si on va au fond des choses, c'est là-dessus que repose le bon fonctionnement de la société.

Gilbert : Ce n'est pas moi qui vous contredirais.

Le Directeur : Alors vous passez à l'acte en moins de deux : je vous ai fait le texte d'une petite annonce.

Gilbert : Une petite annonce ? Pourquoi faire ?

Le Directeur : Il faut embaucher un type. Vous n'allez pas me laisser ces quatre bonnes femmes la jambe en l'air. Il faut absolument les faire coiffer par un gars à poigne... Tenez, voilà mon projet. Vous mettrez ça dans France-Soir et dans le Figaro. Je veux un crac... Pas trop intelligent quand même.

Gilbert : Ah bon !

Le Directeur : (Lisant) « Firme solidement implantée sur le marché... » Vous ajouterez : sur le marché « de la grande consommation... » Ça inspire confiance. « Cherche chef des ventes »... Il n'y a qu'à l'appeler comme ça... Un instant (il prend son téléphone et fait un numéro).

Gilbert : Mais...

Le Directeur : C'est vous, Chaudier ? La réunion est commencée ? Pas encore. Bon, j'arrive dans une minute. A tout de suite (il raccroche). Vous avez une objection ?... « pour prendre la direction d'un service commercial en pleine expansion ».

Gilbert : Mais il ne s'agit pas de prendre la direction d'un service commercial ! Et ce n'est pas du tout un chef des ventes.

Le Directeur : Vous avez raison (il biffe). « De l'administration des ventes. » J'entends déjà hurler Janin si on mettait « service commercial ». Celui-là, on ne peut pas lui marcher sur les pieds sans qu'il se mette à crier.

Gilbert : Et puis surtout vous verriez arriver un E.S.S.E.C. ou un H.E.C. avec des titres comme ça... Je veux bien qu'ils ne soient pas tous très intelligents...

Le Directeur : Ce n'est pas ce que je voulais dire. Et alors ?

Gilbert : Mais ce n'est pas du tout ça qu'il faut. Ces gars-là, dans une entreprise, ils se sentent mal aussi longtemps qu'ils ne sont pas assis dans le fauteuil du P.-D.G. Et en attendant d'y être, ils font n'importe quoi pour se mettre en valeur : souvenez-vous de Métayer qui, au lieu de piquer les fesses des représentants, nous avait fabriqué un modèle mathématique pour prévoir l'évolution des ventes des diverses teintes de rouge à lèvres. Il calculait ça sur l'ordinateur du C.E.A. !

Le Directeur : Métayer était un cas et reconnaissez que j'ai moi-même résolu le problème. Alors (il reprend l'annonce)... « cherchons agent d'encadrement du service administration des ventes ».

Gilbert : Mettez donc : « préparation des commandes ». Ça ramènera les choses à leur juste valeur.

2

Le Directeur : Il ne faut pas exagérer. Ne soyez pas trop clair dans vos explications. Ça donne, comment dire, une chance supplémentaire de réussite. Je ne sais pas combien de fois je vous l'ai dit : « Le malentendu est créateur. »

Gilbert : Oui, vous me l'avez souvent dit...

Le Directeur : Souvenez-vous en. Vous verrez : à mesure que vous progresserez dans la hiérarchie, devenez flou. Ça donnera libre essor à la créativité de vos subordonnés... Et en cas de pépin, vous pourrez toujours dire qu'on vous a mal compris.

Gilbert : Il faut être très fort pour...

Le Directeur : Mais non. Mais je suis pressé, dépêchons-nous, cessez de philosopher. Notre annonce : « Firme, etc. cherche... ». Alors mettons « responsable » plutôt que « agent d'encadrement »... Agent d'encadrement... Agent, c'est un peu péjoratif. Agent de maîtrise, agent du gaz, agent de police... Encore une fois, soyez flou : « responsable ». D'ailleurs, c'est plus flatteur. J'ajoute : « solide formation commerciale ».

Gilbert : Qu'est-ce que ça veut dire « solide formation commerciale » ?

Le Directeur : C'est vous qui me le demandez !

Gilbert : Mais oui : vous risquez de voir arriver un spécialiste de l'exportation, ou un expert en produits nouveaux. Quand il s'apercevra qu'il ne s'agit que de surveiller les quelques employés qui enregistrent les commandes des clients... J'y reviens.

3

Le Directeur : Enregistrer les commandes des clients ! Mais dites donc, elles ne font vraiment que ça ?

Gilbert : Officiellement, oui.

Le Directeur : Je me suis d'ailleurs toujours demandé ce qu'elles fichaient exactement toutes les quatre dans ce grand bureau. C'est de l'espace mal employé. Vous ne croyez pas qu'on pourrait en renvoyer une ou deux.

Gilbert : Vous n'y êtes pas ! Et d'ailleurs je vous rappelle qu'elles ne sont pas quatre mais cinq.

Le Directeur : A plus forte raison !

Gilbert : Si on avait besoin d'espace, plutôt que de mordre sur leur bureau, c'est le vôtre que je prendrais...

Le Directeur : Vous avez du culot.

Gilbert : Vous n'y êtes jamais. C'est très mal amorti, en termes de stricte rentabilité.

Le Directeur : Merci.

Gilbert : Tandis qu'elles cinq... Imaginez qu'elles s'absentent de leur poste pendant seulement une heure ! Enregistrer les commandes, ça suppose qu'elles soient capables de discuter avec les représentants lorsqu'il y a de mauvais payeurs, ou si les commandes sont urgentes, qu'elles aient des contacts avec la comptabilité pour surveiller les règlements, qu'elles puissent téléphoner aux expéditions pour s'assurer qu'une commande est bien partie... et surtout, surtout, quand un client téléphone, qu'elles sachent immédiatement de quoi il s'agit et qu'elles soient à même de règler le problème sur-le-champ sans révolutionner la maison toute entière.

Le Directeur : Et tout ça, c'est écrit quelque part ?

Gilbert : Non.

Le Directeur : Écoutez, il y a des moments où il faut être flou et des moments où il faut savoir être précis.

Gilbert : Et comment distinguer les uns des autres ?

Le Directeur : Je n'ai pas le temps de vous l'expliquer aujourd'hui. Je vous rappelle que je suis pressé... Mais le fait que j'ignorais tout ça me paraît très dommageable pour l'entreprise. En tout cas, moi, je suis de plus en plus convaincu qu'il leur faut effectivement un chef. C'est toujours comme ça, moi. Je mets tout de suite le doigt sur le vrai problème. Et j'ai l'œil !

4

Gilbert : Le doigt dans l'œil !

Le Directeur : Vous croyez que je vais supporter ça longtemps.

Gilbert : Pardonnez-moi, c'était tellement tentant !

Le Directeur : Ne recommencez pas. Avec moi ça va bien,

mais je vous ai toujours dit que votre insolence vous attirerait des ennuis. Un chef est un chef... Vous avez la langue trop bien pendue... Un minimum de respect. Il faut savoir résister à la tentation de faire un mauvais jeu de mots. L'ordre établi, ça compte !

Gilbert : Je vous assure que pourtant je me surveille... Nous en étions au chapitre de la formation.

Le Directeur : C'est ça. Et vous me disiez que la formation commerciale...

Gilbert : Là dedans, la formation commerciale est complètement inutile. Du bon sens et du savoir-faire, c'est tout. Je le prendrais volontiers n'importe où votre bonhomme. Un pianiste, un agent d'assurances, un plombier-zingueur... Eh oui, un plombier-zingueur, c'est exactement ça. Surveiller la baignoire, qu'il n'y ait pas de fuites, qu'elle se remplisse, qu'elle ne déborde pas...

Le Directeur : Amusant, Gilbert. Mais ce n'est pas avec des paradoxes et des allégories...

Gilbert : Tenez, à propos de plombier-zingueur, si je pouvais débaucher Renard, je le prendrais à tous les coups... Sens des relations et efficacité ! L'autre jour il est venu réparer les W.C...

Le Directeur : Essayez toujours.

Gilbert : N'y pensez pas : il est à son compte. Il se fait un fric fou dans les dépannages. Mais c'est un type comme ça qu'il nous faudrait.

Gilbert : Alors mettons : « sens pratique, bon contact, rapidité et précision ».

Gilbert : Oui, c'est bon. Ajoutez : « formation indifférente ». On aura plus de chances de tomber sur un type bien, un qui cherche à se reconvertir.

Le Directeur : Faut pas pousser quand même : il faut être précis.

Gilbert : Dans ce cas, il est plus flou d'être précis. Soyez fidèle à vos principes.

Le Directeur : Très bien : « formation indifférente »... Effectivement, il y a des cas où on peut être flou en donnant des précisions complémentaires. Il faudra que j'y réfléchisse. En attendant, si ça vous fait plaisir... voilà (il tend l'annonce). Je ne suis pas contrariant.

Gilbert : Merci. En fait, ce qui compte, c'est le caractère, comme dans la plupart des cas, pas les connaissances. Si on pensait plus souvent à ça... ! Mais, matériellement... je ne sais pas bien où on va le mettre.

5

Le Directeur : Vous n'avez qu'à faire percer la cloison à droite en entrant. Vous lui ferez un petit estanco vitré, un peu surélevé pour qu'il puisse surveiller ses cinq toupies.

Gilbert : Mais il faudra mordre sur le service comptabilité.

Le Directeur : Naturellement.

Gilbert : Vous en avez parlé avec Escoffier ?

Le Directeur : Non, mais il n'y a pas de problème : vous lui direz que c'est moi.

Gilbert : J'aimerais mieux que vous lui en parliez vous-même... Ils sont déjà les uns sur les autres.

Le Directeur : Je n'ai vraiment pas le temps de m'occuper de ces détails. Débrouillez-vous. D'ailleurs j'ai déjà préparé le plan pour notre architecte. J'ai griffonné ça en prenant mon petit déjeuner.

Gilbert : Ah bon ! Je vois... Exécutoire ?

Le Directeur : Exécutoire.

Gilbert : Très bien. Et combien est-ce que vous allez le payer, votre bonhomme ?

Le Directeur : Mais je n'en sais rien... Et puis ce n'est pas mon bonhomme. Voyez ça : le moins possible.

Gilbert : Le moins possible ! Ça va quand même augmenter de 40 % les charges du service.

Le Directeur : Oh là, dites donc, doucement ! Vous avez un budget, respectez-le. Vous avez reçu une très large délégation.

Gilbert : Mais je le respecte. Ce n'est pas moi qui embauche, c'est vous. Si vous le voulez, votre « responsable », prenez-le sur le budget de la direction générale, pas sur le mien.

Le Directeur : Vous rêvez !

Gilbert : Mais non.

6

Le Directeur : Je vous en prie, Gilbert, soyez réaliste. La première qualité d'un chef, c'est d'être réaliste.

Gilbert : Ça n'empêche pas d'avoir des idées.

Le Directeur : Oui. Mais à trop mélanger les idées avec la réalité, on finit par faire de la bouillabaisse... Ce qui m'effraie en vous c'est votre aptitude à décoller...

Gilbert : C'est à cause de ma suggestion de prélever les appointements de ce responsable sur votre budget que vous dites ça ?

Le Directeur : Mais à propos de ça et d'autre chose... Par exemple votre entêtement à demander l'avis des gens... Mais mon vieux, si le peuple gouverne, qui sera gouverné ? Non,

non je vous assure, c'est du rêve. Non seulement les gens n'aiment pas donner leur avis... oui, je sais, je vais à l'encontre de la mode... mais leurs avis sont toujours mauvais : et finalement ça leur retombe dessus. C'est un vrai piège à cons. D'ailleurs ils commencent à s'en apercevoir. Alors, je vous en prie, faisons l'économie de la démagogie. Ça ne vaut pas le détour... Voyez-vous, Gilbert, quand j'ai repris cette société, ça partait dans tous les sens : et regardez ce que j'en ai fait !

Gilbert : C'est vrai, ça va un peu mieux.

Le Directeur : Si j'avais demandé l'avis des gens ! Tout le monde avait des théories sur tout... Alors qu'est ce que j'ai fait, moi ? Je me suis cramponné au réel : pas d'idées, du concret. Qu'est-ce que c'est que ça ? C'est le compte d'exploitation. Non, ce n'est pas le compte d'exploitation, c'est une feuille de papier sur laquelle vous avez inscrit des chiffres... Qu'est-ce que c'est que ça ? C'est une lotion après rasage. Non, c'est un flacon dans lequel vous avez mis je ne sais quelle daube... Il ne faut pas se laisser piéger par les mots. Encore une fois, Gilbert, il faut se cramponner... se cramponner aux choses.

Gilbert : Oui c'est vrai, mais...

Le Directeur : Et c'est comme ça que ce bateau balloté par les vents contraires, j'ai fini par l'arrimer au solide rocher de la réalité.

Gilbert : Ce qui ne l'empêche pas de filer ses douze nœuds...

Le Directeur : Comment ça ?

Gilbert : Oui, je veux dire que d'être ancré dans le rocher, ça ne l'empêche pas de courir au grand large.

Le Directeur : Ça vous va bien de faire le malin : vous n'avez pas le sens poétique. Aucune métaphore ne peut être parfaite... Et si vous voulez que je vous en fasse une meilleure... Oui, c'est toujours un bateau, mais je l'ai solidement lesté — c'est ça la réalité — et maintenant il dresse ses voiles dans l'azur immense...

Gilbert : Méfiez-vous des mots et ce n'est pas avec des allégories...

Le Directeur : Vous voyez le contraste : le sens de la réalité, ça l'alourdit. Mais c'est grâce à cette pesanteur qu'il peut prendre le vent... Eh oui, c'est tout à fait ça : bonne comparaison, elle explique bien les choses. Retenez ça : le lest, la voile... la voile, le lest !... Allez, il faut que j'y aille.

Gilbert : Et mon problème ?

Le Directeur : Ah oui ! C'est vrai.

7

Gilbert : C'est dommage que vous soyez si pressé : j'aurais peut-être eu le temps de vous expliquer mon point de vue.

Le Directeur : Écoutez, j'ai déjà réfléchi au problème... De toute façon, vous retomberez sur ma solution. Alors faisons l'économie d'une discussion.

Gilbert : Très bien.

Le Directeur : Et en ce qui concerne les économies en général... essayez de vous débrouiller avec votre budget. Si c'est nécessaire, nous l'augmenterons... (un temps) Vous dites 40 % de plus ! Ça fait beaucoup 40 %... Ça fait combien, exactement ?

Gilbert : Au moins deux cent vingt mille francs.

Le Directeur : Ah bien, dites donc... Je ne m'imaginais pas que ça pouvait faire autant. Vous êtes sûr ?

Gilbert : Tout à fait.

Le Directeur : (un temps) C'est quoi, votre idée ? (Décrochant le téléphone) Allo, Chaudier, j'arrive dans un instant... Vous n'avez qu'à commencer à échanger quelques idées : ça ne fait de mal à personne. Faites comme si j'étais là : je prendrai le train en marche. De toute façon, je sais ce qu'il faut faire (il raccroche). Alors, votre idée ?

Gilbert : Mon idée, c'est bien simple... Quelles sont les données du problème ?

Le Directeur : Je vous rappelle quand même que je suis pressé. Ne remontez pas au déluge.

Gilbert : Mais embauchons, si c'est ça, embauchons tout de suite.

Le Directeur : Vous êtes têtu comme une mule. Allez-y, je vous écoute.

Gilbert : Les données du problème sont que je vais m'absenter très souvent pour visiter les supermarchés. Conséquence : je ne pourrai plus m'occuper directement du bureau de commandes. Or, qu'est-ce que le bureau des commandes ? Je vous ai rappelé tout à l'heure ce qu'il faisait... Mais de quoi est-il composé ? De cinq bonnes femmes qui sont pour le moment solides, débrouillardes, contentes de leur sort... Françoise un peu moins, mais les autres l'encadrent. Moi, je leur fous la paix, je n'y mets jamais le nez, ça marche tout seul. Cinq bonnes femmes qui ont plus ou moins chacune dans leur vie un mari à tenir, des enfants, une famille, une maison, des vieilles mères, etc., etc., et qui font ce qu'elles font.

Le Directeur : Écoutez, vos considérations, je m'en tape. Elles sont bien, tant mieux. Je ne vois pas où vous voulez en venir.

Gilbert : Vous ne voyez pas où je veux en venir... ! Patience. Chacune de ces dames a la haute main sur quatre ou cinq cents clients. C'est là dessus qu'elles déversent le trop-plein de leur sentiment maternel, lequel est d'autant plus gratifiant qu'il s'accompagne ici de l'exercice indiscuté de beaucoup d'autorité... Considération encore, mais considération importante ! Et pour quatre d'entre elles au moins, les représentants qui visitent leurs clients font aussi partie de leur famille : dès qu'ils ont un pépin, ils leur téléphonent... On n'a pas toujours une mère sous la main ! Et en bonnes mères, elles règlent leurs problèmes : qu'il s'agisse de traiter avec le service du personnel, ou avec la comptabilité, ou avec le marketing, ou avec les livraisons... ou avec vous-même, si elles réussissent à vous saisir... Bien sûr, ce n'est pas dans leur définition de fonction, mais ça marche ! Même les pépins sentimentaux... eh oui, il faut qu'ils puissent en parler à quelqu'un : et pour ce qui est de savoir regonfler un bonhomme au téléphone... Ça n'est pas Janin, l'homme aux quotas, qui en serait capable !

8

Le Directeur : Oui, mais en fait de leur remonter le moral, on m'a dit qu'il y en avait une qui leur remontait bien autre chose, et pas au téléphone...

Gilbert : Oh ! Je n'en fais pas un mystère... Plantier est un garçon épatant, notre meilleur vendeur. Mais psychologiquement, il est fragile, un peu dépressif et, avec sa femme, c'en était venu au point qu'il était obligé de se mettre en maladie tous les deux mois : il perdait 20 % de son chiffre d'affaires. Depuis que Jacqueline s'en occupe... Ces rendez-vous du vendredi soir illuminent toute sa semaine... Ça le stabilise, ça le stimule.

Le Directeur : C'est ça que vous appelez des mères, des mères respectables !

Gilbert : Moi, j'ai souvent eu envie de lui payer des heures supplémentaire, à Jacqueline. Si vous saviez ce qu'on a pu y gagner... Ou même de la nommer agent de maîtrise.

Le Directeur : Avec la retraite des cadres : vous n'y pensez pas ! Seriez pas un peu souteneur sur les bords ?

Gilbert : Bien sûr que si. Nous sommes tous un peu souteneurs, au sens large. Mais naturellement, ça ne figure pas dans l'organigramme... C'est écrit seulement dans les marges.

Le Directeur : Je ne vois pas ça d'un tellement bon œil, mais enfin c'est votre affaire... J'ai l'esprit large et si vous n'envisagez pas une généralisation du système... Bon alors continuez : j'ai l'esprit large, mais je n'ai pas beaucoup de temps.

Gilbert : Vous n'avez jamais le temps.

Le Directeur : J'ai tout de même des choses plus importantes que de m'occuper d'histoires de cul, même bénéficiaires. En tout cas, que ce soit bien d'accord, rien ne peut être pris en compte officiellement. Donc, après toutes ces longues considérations, où voulez-vous en venir ?

Gilbert : Je n'ai pas fini.

Le Directeur : Dépêchez-vous.

Gilbert : Ces cinq employées, bien que n'ayant reçu qu'une formation intellectuelle très élémentaire, sont parmi les personnes les plus... le contraire de fofolles ?

Le Directeur : Je ne sais pas... Sérieuses, engagées, autonomes... Vous manquez de vocabulaire ?

Gilbert : Je voulais vous le faire dire. C'est cela, vous avez parfaitement compris, les plus engagées de la société, les plus solides. Eh oui, un peu la clé de voûte...

Le Directeur : Vous n'exagérez pas un peu.

Gilbert : C'est-à-dire qu'elles font partie de ceux qui ont le moins besoin d'être surveillés. Et si vous leur donnez un chef qui ne leur convienne pas, elles lui mettront sur le dos toute la pagaille qu'elles seront capables de créer... Je ne vous ai pas dit qu'elles n'étaient pas susceptibles ni qu'elles n'avaient pas la tête près du bonnet : et elles vous le feront sauter comme un bouchon de champagne à un banquet d'anciens combattants.

Le Directeur : Mon vieux, c'est tout l'art du chef de...

Gilbert : Pour ce que vous voulez le payer, vous aurez un jeune tout farci de théorie... ou un vieux complètement abruti. Et si vous m'en faites partir une seule, je vous avertis qu'il faut trois ans pour former une remplaçante : c'est-à-dire que, avec toutes les bêtises inhérentes à l'apprentissage, ça nous coûtera trois à quatre cent mille francs.

9

Le Directeur : Vous êtes sûr de ça ? Vous présentez toujours des chiffres extravagants pour soutenir vos théories.

Gilbert : Peut-être même plus... Mes chiffres ne sont pas extravagants. Vous ne connaissez pas la théorie des coûts cachés ?

Le Directeur : Moi, ce que je sais, c'est que ce qui est caché doit le rester. On a bien assez à faire avec ce qui ne l'est pas. D'ailleurs je ne vois pas ce qui pourrait m'être caché... Alors, c'est quoi, votre solution ?

Gilbert : Maintenant que j'ai bien posé le problème... moi, il y a longtemps que ça me tracasse : je vous proposerais plutôt...

Le Directeur : Ou alors si vous voulez, prenez la plus vieille et nommez-la chef. C'est ça que vous alliez me proposer ?

Gilbert : Vous êtes obsédé par l'idée de chef.

Le Directeur : Mais pas du tout. La plus vieille ou la moins idiote... Ah ! mais je vous vois venir : vous allez me suggérer de leur faire élire leur chef. Ça, mon vieux, jamais.

Gilbert : Si vous me laissiez finir... Le chef, ce n'est pas une fin, c'est un moyen... et il y en a peut-être d'autres... de moyens : meilleurs. Vous trouvez toujours les solutions avant d'avoir posé les problèmes.

Le Directeur : Merci, Gilbert, merci. Alors allez-y.

Gilbert : Eh bien, pas de chef. Elles sont très bien comme elles sont. Vous, les confirmez dans leurs postes, toutes sur un strict pied d'égalité, vous donnez un petit coup de pouce à leurs salaires et vous les laissez se débrouiller toutes seules.

Le Directeur : Pas de chef ! Vous rêvez : c'est l'anarchie. Ne sciez pas la branche sur laquelle vous êtes assis. Et l'organigramme ? Ça va faire un trou.

Gilbert : Quelques imprécisions dans l'organigramme, ça ne fait pas de mal et ça n'est pas pour vous déplaire... Si vous voulez, vous leur sous-traitez leur boulot. Elles sont comme un fournisseur extérieur... Un fournisseur extérieur n'a pas de chef.

Le Directeur : Ça alors, mon vieux...

Gilbert : Et sur le plan budget, étant donné que moi, je vais être affecté à la section supermarchés, ça vous fait même une économie.

Le Directeur : Une économie de combien ?

Gilbert : (Tirant un papier) De cent cinquante mille francs.

Le Directeur : Encore un chiffre bidon ! Vous les tirez de votre carnet comme des lapins d'un chapeau... Enfin... Qu'en pense Monsieur Wilson ?

Gilbert : Il sera tout de suite preneur. Il n'est pas aveuglé par autre chose que son budget, lui. D'ailleurs, en tant que contrôleur de gestion... (le téléphone sonne).

Le Directeur : (Décrochant) Oui, j'arrive tout de suite... Mais prenez votre temps : analysez bien la situation, méfiez-vous de vos stéréotypes... je veux dire des solutions toutes faites et présentez-moi une solution originale et économique... Parfaitement, même si ça ne rentre pas dans le cadre de... Oui, c'est nouveau (il va poser le tel.)... Je ne sais pas quelle idée les gens se font de moi... (reprenant le tel.) Allo, allo, j'oubliais de vous dire : vous me chiffrez tout ça. Je veux voir toutes vos propositions chiffrées. Débrouillez-vous (il raccroche).

10

Le Directeur : Dites donc, Gilbert, il me vient tout à coup un soupçon : vous les avez réunies pour parler de ça, vos bonnes femmes ?… Depuis que vous avez suivi ce stage, je me méfie de vous à un point !

Gilbert : Moi ! Les réunir… Vous me connaissez mal. Non, ce serait plutôt elles qui m'auraient réuni.

Le Directeur : Ah bon. Parce que toutes ces histoires de cercles de qualité, de groupes de créativité et *tutti quanti*… Ça veut dire quoi, qu'elles vous ont réuni ?

Gilbert : Ça veut dire qu'elles m'ont invité à déjeuner l'autre jour. Mais nous n'avons pas parlé boulot. Non, vous savez ce qui m'a suggéré cette solution ?

Le Directeur : Dites toujours.

Gilbert : C'est votre idée du flou.

Le Directeur : Ah oui ? Vous êtes sûr ?

Gilbert : Mais oui : dès qu'on peut enlever une rigidité quelque part, c'est-à-dire mettre du flou, tout fonctionne mieux. Au fond, c'est très fort : il suffit de le mettre en pratique.

Le Directeur : Vous voyez comme c'est simple.

Gilbert : Il faut simplement qu'on ait le temps de bien comprendre. Si vous supprimez le chef, vous mettez de l'air, du flou, du jeu… Le jeu est l'âme de la vie !

Le Directeur : Eh bien, si la solution vous paraît bonne, allez-y, mettez-la en application. Je vous couvre…

Gilbert : Très bien, parfait...

Le Directeur : Vous en avez de la chance d'avoir un patron comme moi, qui accepte de discuter avec ses subordonnés.

Gilbert : Et qu'est ce que je fais de cette annonce ?

Le Directeur : Eh bien, foutez-la au panier.

Gilbert : Le plan aussi, pour l'architecte ?

Le Directeur : Le plan aussi. Quand je pense à tout le temps que j'ai passé là-dessus pour essayer de vous rendre service ! Mais je suis content que vous vous soyez finalement rangé à mon avis : le flou, je vous le disais bien...

Gilbert : C'est ce qu'il y a de plus raisonnable. Et vous verrez qu'avec ces cinq bonnes femmes sur le pont, entre la quille et les voiles... Cinq bonnes femmes sur le pont pour veiller au grain !

Le Directeur : Exactement. Un seul petit reproche, Gilbert : pourquoi est-ce que vous ne m'avez pas consulté plus tôt ?

Gilbert : Vous avez tout de même des choses plus importantes à régler.

Le Directeur : Vous avez raison. Quant à vous, vous verrez que vous volerez bientôt de vos propres ailes. Allez, ciao. On m'attend. Ils doivent être en train de patauger. J'y vais (il sort).

N'Y A PLUS DE CHEFS

Un contremaître formé à un commandement de type autoritaire... L'entreprise dans laquelle il travaille s'est petit à petit imprégnée des nouveaux principes de décentralisation des responsabilités, d'initiative et de liberté sur lesquels repose la philosophie de « l'entreprise moderne » à la recherche de la QUALITÉ. Notre homme a beaucoup de difficulté à faire sa mutation personnelle. Il est même tenté de donner sa démission. Mais il s'accroche et à force de volonté (et grâce à l'aide sa femme) il réussit le difficile pari de se transformer lui-même et de conquérir une place honorable dans une hiérarchie renouvelée.

La scène représente la salle de séjour de la maison de Stapfler (elle-même située dans une région rurale à mono-industrie), avec une table, deux chaises et une horloge. Il a la quarantaine : carré, catégorique, bourru, proche du découragement... Sa femme Yvonne représente la force réaliste sur laquelle il va s'appuyer pour opérer son changement. La première et la dernière partie doivent être jouées très simplement, dans un style très réaliste. La seconde partie, au contraire, appelle une interprétation beaucoup plus « théâtrale » et fantaisiste.

Cette pièce existe également sous forme de monologue.

PREMIÈRE PARTIE : LA DÉMISSION

1

(L'horloge marque 15 heures 30)

Stapfler : (Entrant) Tu es là ?

Yvonne : Oui, je suis dans la cuisine. (Entrant à son tour) Pourquoi est-ce que tu rentres si tôt ? Vous avez fini de récupérer ?

Stapfler : Ça te regarde ?... Récupérer, récupérer ! Tu sais bien que maintenant ça ne se fait plus. Tu rentres et tu sors quand tu veux. Tu as envie de travailler, tu rentres. Tu n'as plus envie de travailler, tu sors. Tu entres, tu sors. Tu rerentres, tu ressors. C'est comme ça ! Si mon père voyait ça ! Là où il y a de la gêne, il n'y a plus de plaisir.

Yvonne : Pour toi le plaisir, c'est plutôt là où il y a de la gêne !

Stapfler : ... Ai jamais été un profiteur !

Yvonne : Quand même ! Tu pars toujours à la même heure, tu reviens toujours à la même heure. On dirait que tu as avalé un réveil.

Stapfler : Ah, ah, tu trouves ça drôle !

Yvonne : Pas tellement. Mais c'est pour ça que je m'étonne de te voir rentrer si tôt.

Stapfler : Eh bien arrête de t'étonner.

Yvonne : Tout le monde a dû te voir passer dans le village.

Stapfler : Je n'ai rien à cacher.

Yvonne : Il t'est arrivé quelque chose ?

Stapfler : Que veux-tu qu'il me soit arrivé ?

Yvonne : Ils ne t'auraient pas foutu à la porte ?

Stapfler : A la porte ! Non mais dis donc : tu m'as bien regardé ? Suis pas un type qu'on fout à la porte.

Yvonne : A force de râler... Tu n'es jamais content. Chaque fois qu'ils font quelque chose... Si j'étais à leur place... Avec ton caractère !

Stapfler : Alors il faudrait toujours être un cul béni. Non, ils ne m'ont pas foutu à la porte... J'ai donné ma démission.

Yvonne : Qu'est-ce que tu racontes ?

Stapfler : Qu'est-ce que je raconte, qu'est-ce que je raconte... J'ai donné ma démission. Tu es sourde ?

Yvonne : Mais tu es fou !

Stapfler : J'en avais vraiment marre d'être pris pour un paillasson. Je vais au jardin arracher des pommes de terre...

Yvonne : Ah, mais dis donc : tu aurais pu me demander mon avis !

Stapfler : Ah non, ah non ! Pas toi. Ça suffit comme ça. Toujours le même refrain, toujours demander l'avis des gens...

Yvonne : Je regrette, mon bonhomme : tu vas t'expliquer !

Stapfler : Et en plus, tu ne vois pas comme tu es : autoritaire et tout... Je n'ai pas envie de m'expliquer. Tâche de comprendre toute seule... Je te dis que je vais au jardin. Je binerai aussi les haricots. On va en avoir besoin.

2

Yvonne : Écoute-moi bien : je ne plaisante pas... Reviens ici ! D'abord tu vas prendre un peu de ton médicament...

Ton ulcère, je le sens comme si je l'avais (elle lui prépare un médicament)... Et ensuite tu vas t'asseoir et me raconter ça en détail. Même si ça ne te plaît pas. Qu'est-ce que c'est que cette histoire ? (Il boit) Tu as vraiment donné ta démission !

Stapfler : Oui. Je l'ai donnée. Mais ça ne te regarde pas.

Yvonne : Comment, ça ne me regarde pas ! Il n'y a qu'à te regarder pour savoir que ça me regarde. Et à qui est-ce que tu l'as donnée ? Au chef ?

Stapfler : Il n'y a plus de chefs, plus personne.

Yvonne : Et Monsieur Radisson ?

Stapfler : Il n'y a plus de Monsieur Radisson maintenant. C'est Jean-Louis. Ou même Jean-Lou... ! Moi j'ai jamais voulu qu'on m'appelle par mon prénom. Stapfler je suis, Stapfler je reste... Et on me dit « vous ». Et je fous mon pied au cul de...

Yvonne : Tu vas arrêter de faire l'idiot.

Stapfler : Et le chef, je ne sais plus qui c'est. Personne n'est chef, tout le monde est chef. Tu leur demandes ce qu'il faut faire : prenez vos responsabilités, voilà ce qu'ils vous disent. Tu veux démissionner, tu ne sais même plus à qui t'adresser.

Yvonne : Alors, comment est-ce que tu as fait ?

Stapfler : J'ai été direct chez le patron, j'ai ouvert la porte et je lui ai dit : « Monsieur Charvieux, je vous donne ma démission. »

Yvonne : Qu'est-ce qu'il t'a répondu ?

Stapfler : Il m'a dit : « Ah, vraiment !... Stapfler, je suis content de vous voir, mais je n'ai pas beaucoup de temps... Vous pouvez revenir demain ? »

Yvonne : Alors, ça n'est pas encore foutu.

Stapfler : Tu t'imagines que je vais revenir en arrière. Quand j'ai dit quelque chose, je l'ai dit. Et lui : revenez demain. Justement non : je ne reviens pas demain.

Yvonne : Sacrée tête de bois ! Tu voudrais quand même m'expliquer un peu. Comment ça s'est passé, qu'est-ce qui t'est arrivé, pourquoi ? Tu es sonné ?

Stapfler : Oui, je suis sonné. Si tu étais à ma place... Je te répète que je vais au jardin.

3

Yvonne : Tu as fini de chercher à te défiler ? Je voudrais quand même comprendre un peu.

Stapfler : On n'en finira pas : tout le monde veut comprendre ! (Un temps.) C'est la faute de Monsieur Joubert. Ce matin, il vient me voir : « Vous savez que dans votre atelier la moyenne hebdomadaire de travail n'est que de vingt-sept heures vingt ? 17 % de moins que dans le reste de la maison » — « Ah oui ! Pourquoi est-ce que vous me dites ça à moi ? » — « Mais parce que c'est vous qui êtes responsable de ce qui se passe chez vous » — « Moi, responsable ! Ça alors ! » Ils me disent que je suis responsable !

Yvonne : Tu ne trouves pas qu'ils ont raison...

Stapfler : Mais je ne suis plus responsable de rien du tout. Être responsable, c'est être chargé de faire la discipline, de donner les ordres, d'enguirlander les gens, de les mettre à pied...

Yvonne : Et alors ?

Stapfler : Mais justement : tout ça c'est défendu. Ça marche à la japonaise, à ce qu'il paraît. On fonctionne au consensus, au super consensus. Il n'y a plus de discipline et tout le monde commande et personne... Quant à enguirlander, il n'y a plus que les chefs qui se font enguirlander...

Yvonne : Tu vois bien : tout n'est pas perdu...

Stapfler : Responsable !... Alors je lui dis, à Monsieur Joubert : « Que voulez-vous que j'y fasse si mon personnel ne vous donne pas satisfaction... Ici, je suis moins que le balayeur. Le balayeur, au moins il a l'impression d'être utile ! Allez vous expliquer vous-même avec eux. Moi si je leur dis quelque chose, ils rigolent ! » — « Stapfler, ne montez pas sur vos grands chevaux. » — « D'ailleurs vous avez bien raison : c'est tous des feignants, de la raclure, tire au cul et compagnie !... Mais maintenant ça n'est plus permis de le leur dire... Ces petits cons, ils ont tous leur B.T.S. Ou même leur bachot. J'ai l'air malin. »

Yvonne : Tu n'aurais pas dû lui parler comme ça !

Stapfler : Je me gênerais ! Et je lui dis encore : « Vous ne savez pas ce qu'il leur faudrait, à tous ? C'est le bataillon disciplinaire. Tous des petits gars qui n'ont même pas été capables de faire leur service militaire. Évidemment : jamais appris à respecter les supérieurs. » Il me regarde d'un drôle d'air... Il sait bien que ce que je dis c'est vrai. — « C'est difficile de parler avec vous, Stapfler. »

Yvonne : Il a bien raison. Toi, quand tu ne veux pas comprendre...

Stapfler : Nom de dieu de nom de dieu : si toi aussi...

4

Yvonne : Et alors ? Monsieur Joubert ?

Stapfler : ... Au bout d'un moment il me dit : « Je n'irai pas par quatre chemins : si le personnel de votre atelier fait de l'absentéisme, c'est de votre faute. » — « De ma faute... Ces salopards, ces emmerdeurs, ces trous du cul ! De ma faute ! »

Yvonne : Tu dis des choses et puis tu te repens après.

Stapfler : Je ne me repens jamais. De toute façon ça n'a pas eu l'air de le troubler : « Je suis d'accord avec vous, Stapfler : nous avons considérablement modifié le rôle de l'encadrement. C'est peut-être dur à comprendre... Mais aujourd'hui, on ne prend pas les mouches avec du vinaigre... Tout ce que nous vous demandons maintenant, Stapfler, c'est d'être comme un pot de miel au milieu de votre atelier. Vous êtes là, vous sentez bon, les gens ont envie de venir vous manger... » Tu te rends compte !

Yvonne : J'aimerais bien, moi, que tu sois comme un pot de miel...

Stapfler : « Bien sûr que vous êtes responsable de l'absentéisme, il ajoute. Vous, vous n'êtes pas comme un pot de miel, mais comme un gros tas de... non, ne me faites pas dire ce que je ne veux pas dire, comme un... énorme bloc de mauvaise humeur, rempli de choses désagréables à dire aux gens : ça ne leur donne pas très envie de venir travailler... Ni surtout de bien travailler. »

Yvonne : Oh, que je le comprends bien ! Quand tu te mets à gueuler... Tu me fais honte quelquefois.

Stapfler : Eh bien garde-le pour toi. « Mais enfin, Monsieur Joubert, gueuler ou pas, ils ont bien une conscience professionnelle ! » — « Stapfler, ça, c'est des mots de l'ancien temps. Aujourd'hui, on a envie ou on n'a pas envie. Le rôle des contremaîtres c'est de donner envie aux gens de venir travailler. » Tu parles ! « Que le contremaître organise son atelier pour que les ouvriers aient tout ce dont ils ont besoin au moment où ils en ont besoin. Et à la limite, ce sont les ouvriers qui doivent engueuler le contremaître s'ils ne sont pas contents de lui... » Je te le dis, un paillasson !

Yvonne : Et alors ?

Stapfler : Et alors le ton a monté : Moi, trente ans de métier, de l'expérience, de l'autorité, j'ai fait mes preuves, je sais ce que j'ai à faire... et ces petits voyous ! D'accord, je gueule : mais cite m'en un qui ne gueule pas...

Yvonne : Oui. Jean Bonneton.

Stapfler : Tu oses me comparer à... ce... Merde, alors !

Yvonne : Enfin, bref... tu as fini par...

Stapfler : ... Leur flanquer ma démission, comme je te l'ai dit.

Yvonne : C'est tout toi, ça. Tu ne sais pas te dominer !

Stapfler : Quand on a sa conscience pour soi ! Laisse-moi aller arracher des pommes de terre... Les pommes de terre, au moins, il n'y a pas besoin de leur demander leur avis. (Il prend un panier.) Si tu avais reçu autant de coups de bambou que moi ! (Il sort).

DEUXIÈME PARTIE : LES CINQ COUPS DE BAMBOU

(Comme une sorte de chœur antique, Stapfler et Yvonne reviennent en arrière, sortent de leur rôle et commentent l'action en s'adressant aux spectateurs.)

5

Yvonne : Premier coup de bambou : le séminaire d'analyse de la valeur ! (coup de gong).
« La valise des malheurs », comme ils disent entre eux...
Donc le séminaire. On cherchait des volontaires...
Bien obligé d'y aller ! Oui, c'est comme ça que ça commence :
On les force à être libres. Lui, il n'aime pas ça...
Vous qui avez l'air de nous écouter objectivement...
Jusque-là tout se passait bien, la boîte tournait régulièrement,
Les chefs pour commander, les subordonnés pour obéir,
Et tout le monde embarqué sur le même bateau, attelé au même char.
Comme on dit...

Stapfler : (Revenant sur la scène comme témoin de ses malheurs.)
Et tout à coup voilà qu'arrive un gars qui nous dit,
Écoutez bien : Il faut avoir des idées nouvelles.
Avoir des idées nouvelles, ça veut dire en réalité : occupez-vous de ce qui ne vous regarde pas.
Mais ça, on n'a pas compris tout de suite.

Yvonne : Donc : ayez des idées nouvelles ! Soyez créatifs !

Stapfler : Bien : ayons des idées nouvelles... soyons créatifs...

Yvonne : Je vous donne un problème à résoudre, trouvez une solution.

Stapfler : Halte-là ! Comment voulez-vous que Stapfler trouve une solution :
Ou bien Stapfler la connaît, la solution, ou bien il ne la connaît pas.
Si Stapfler la connaît, la solution, il nous la dit tout de suite. Ça n'est pas malin !
Si Stapfler ne la connaît pas, il ne la connaît pas. Rien à faire !
Et c'est comme ça, lui : clair et net. Il sait, il ne sait pas.
Pas besoin d'aller chercher plus loin : c'est du temps perdu.
Et si Stapfler ne sait pas, le chef de Stapfler, lui, il sait.
Et si le chef de Stapfler ne sait pas — ça peut arriver,
Ce ne sont que des hommes tout de même, pas des dieux !
Le chef du chef de Stapfler doit savoir, etc., etc.
Alors, vos histoires d'idées nouvelles !

Yvonne : « Stapfler ! Est-ce qu'il ne vous est jamais arrivé d'avoir une bonne idée ? »

Stapfler : Vous voyez comme ils sont : ils essayent de vous prendre en défaut !
« Moi ? Une bonne idée ? Jamais » Je ne vais pas me laisser faire !

Yvonne : « Il ne vous est jamais arrivé de dire, à plus ou moins haute voix :
Si j'étais à la place du patron, je ferais ci, je ferais ça... ? »

Stapfler : ... Ah, ils sont forts, je vous assure. Bien sûr que ça lui est arrivé,
A Stapfler : Mais comme ça, en rigolant, à l'apero, sans porter à conséquence.
Et ça n'est pas une raison pour le crier sur les toits...
Stapfler n'aime pas que les autres fourrent leur nez dans ses affaires :
Il n'aime pas non plus fourrer son nez dans les affaires des autres.
Le chef, c'est le chef, ça ne se discute pas.

6

Yvonne : Après l'analyse de la valeur.
La communication : second coup de bambou !... (coup de gong)
De séminaires en séminaires, ils ont fini par complètement l'assommer.
Et moi, pendant ce temps toute seule à la maison... !
Et lui avec son ulcère... Ça commençait à le travailler
La communication... Oui, pour lui c'était tout simple :

Stapfler : Quand le chef a parlé, l'ouvrier s'exécute.

Yvonne : L'animateur : « Très bien, Monsieur Stapfler...
Mais vous qui avez l'habitude de donner des ordres,
Vous voulez bien nous faire une démonstration ?
Je vous propose de commencer par un exercice simple :
"Transporter dans la salle 19, à droite en montant l'escalier,
Tout le matériel qu'il y a dans la salle où nous sommes"... »
Cela se passait dans une grande maison à la campagne avec des étages.
« Et symétriquement transporter dans cette salle où nous sommes
Tout le matériel qu'il y a dans la salle 19... Monsieur Stapfler,
Nous sommes dix-sept sous vos ordres : Il faut que vous nous expliquiez
Comment nous y prendre. Nous attendons vos instructions.
Nous nous exécuterons. »

Stapfler : Ses instructions, Stapfler, il les a données...
Oh, pauvre de lui... Il n'aurait jamais pu imaginer...
Si vous aviez vu cette pagaille... Les gars, on aurait pensé
Qu'ils avaient fait exprès de n'avoir rien compris !

Yvonne : Lui, il s'était efforcé d'être clair et bref...
A l'image de Napoléon donnant ses ordres avant la bataille d'Austerlitz !
Mais eux, comme des singes malfaisants, ils avaient tout embrouillé
En prenant au pied de la lettre des choses qu'il avait dites comme ça,
Simplement pour détendre l'atmosphère et se faire mieux comprendre...

Stapfler : Finalement la moitié du matériel de la salle où ils étaient
S'est retrouvé dans la salle 15 qui était à côté de la salle 19
Et celui de la salle 19 a fini par aboutir dans le bureau du directeur
Qui n'était pas très content... Mais du moment que c'était « pédagogique »,
Il n'a rien dit... Et toutes les chaises se sont trouvées mystérieusement
Regroupées dans le jardin, au pied de la charmille... Pauvre Stapfler !

Yvonne : Il paraît que tout ce qu'ils avaient fait, il le leur avait dit !
De là à penser que s'il n'avait rien dit, ça se serait mieux passé... !

Stapfler : Et, comme l'a très aimablement fait remarquer l'animateur :
La communication c'est peut-être plutôt : « Quand le chef a parlé...

Yvonne : ... L'ouvrier L'EXÉCUTE ! » Exécute qui ? Mais oui, lui, le chef !

Stapfler : Ils ont employé une partie de la semaine à discuter là-dessus.

Yvonne : Le lundi suivant le travail a repris normalement :
Mais le ver était dans le fruit. Et en plus de son ulcère,
Il s'est mis à avoir des insomnies !

7

Satpfler : Sur ce, séminaire de créativité !

Yvonne : Troisième coup de bambou ! (coup de gong) Ah, ces séminaires,
La trouille qu'il avait d'y aller ! Le matin, il vomissait.

Stapfler : Il y avait de quoi. Cette fois,
Vous savez ce qu'il leur a dit, le créatif de service ?
Il leur a dit : « on va s'amuser à tout foutre en l'air ! »
Et je vous fais remarquer qu'il était payé par la direction...

Yvonne : Donc on va tout foutre en l'air, on va refaire le monde !

Stapfler : Et il s'en prend à tout ce qui lui tombe sous la main :
Les fenêtres, les moulins à cafés, les essuie-glaces...
Bon, jusque là, rien à redire. Et puis tout à coup, le jeu se gâte.
On remet en cause les grands trucs : la famille, l'éducation, la patrie,
La religion, la sécu... On concasse, comme il dit. On concasse joyeusement !
Moi, ça commence à me serrer là... Bon Dieu, il va tout démolir !

Yvonne : « Et maintenant si on imaginait ce qui se passerait
Si on supprimait tous les chefs... Ça s'appelle un scénario. »

Stapfler : Ça y est. C'est bien ce que je craignais. Je le voyais venir.
Et je te supprime le chef : avec toutes les conséquences.

Yvonne : Mais vous pensez bien que les gars, les conséquences,
Ils les voyaient toutes meilleures les unes que les autres !
C'était une trop bonne occasion de tomber sur Stapfler, sans en avoir l'air :
On se sentirait plus libres, on serait joliment plus détendus,
On serait vraiment responsables de son travail, on réfléchirait,
On ne prendrait pas de décisions avec lesquelles on ne serait pas d'accord...
On serait obligés de comprendre ce qu'on fait, le boulot serait mieux fait,
Plus vite, ça ferait des économies...

Stapfler : Des économies, comment ?

Yvonne : Eh bien, le chef, plus besoin de le payer.

Stapfler : Ils avaient trouvé ça tout seuls !

Yvonne : Et puis toutes les conneries qu'il fait, il ne les ferait plus.
Et puis on pourrait installer la machine à café dans son bureau...
Le paradis, quoi !

Stapfler : Depuis l'histoire du déménagement l'atmosphère était déjà lourde.
Mais là, cette affaire n'a rien arrangé... D'ailleurs, Stapfler l'avait toujours dit,
C'est vrai : la machine a café, elle est toujours trop loin de l'atelier.

8

Yvonne : Le quatrième coup de bambou qu'il a reçu... (coup de gong)
C'est avec cette histoire des cercles de qualité.
Encore un de ces trucs avec des yeux carrément bridés...

Stapfler : Voilà qu'on va se mettre à demander leur avis aux gars !
Mieux que ça : ce sont eux qui vont nous dire ce qu'il faut faire.
Encore une fois, à quoi est-ce que ça va servir qu'ils aient des chefs ?

Yvonne : Réponse : Ils n'ont pas besoin d'avoir des chefs :
Il suffit qu'ils soient créatifs. On te l'a déjà dit.

Stapfler : Décidément, Ils disent toujours la même chose.
Feraient mieux d'être un peu plus créatifs, précisément !

Yvonne : Ça les intéresse, ça les motive, ça les responsabilise...

Stapfler : Et puis quoi encore ? On ne leur demande pas
D'être motivés, mais de boulonner, de boulonner...
Je veux bien que, depuis qu'il y a des machines automatiques,
Ça change la perspective... Mais alors qu'on le dise carrément,
Que c'est pour les occuper. D'accord, on ne peut pas coller tout le monde
Au chômage d'un seul coup. Alors, si c'est pour les occuper...
En attendant, l'atelier, c'est devenu une vraie usine à problèmes.
Avant, on produisait des moteurs. Maintenant on fabrique des problèmes.

Yvonne : C'est trop lourd, ça ne va pas assez vite, il y a toujours du retard,
Ça n'est pas assez précis, il y a des vibrations, le plan n'est pas bon...
Les tolérances sont trop serrées, il faut faire de plus grandes séries,
Il faut faire de plus petites séries...

Stapfler : Depuis qu'ils ont le droit à la parole,
C'est un vrai miracle que la production n'ait pas diminué...
Je veux dire la production de moteurs, pas celle de problèmes.

On fait même courir des bruits... qu'elle aurait augmenté !
Mais les ordinateurs, on leur fait dire ce qu'on veut !

Yvonne : Et pendant qu'ils sont en train de résoudre leurs problèmes
Lui, il tourne là au milieu comme un chien sur une place publique...

Stapfler : L'atelier de Stapfler, avant, c'était une armée rangée en bataille :
Rien ne dépassait de rien... Il passait l'inspection.
Maintenant ça grouille de partout... On se prend les pieds
Dans les suggestions qui traînent. Et chaque jour il y a
Des pleins seaux de solutions qu'on jette à la poubelle !
Et le soir, sur le coup des dix, onze heures, il y a encore des gars
Qui travaillent dans les coins à faire des trucs pas possibles...
Sans même qu'il en sache rien... C'est le désordre de la vie, à ce qu'il paraît.
Pour une belle connerie, c'est une belle connerie !
Allez, je retourne à mon jardin...
Mes haricots bien alignés ! Mes allées bien ratissées...
(il ressort dans la direction du jardin).

9

Yvonne : Le dernier séminaire qu'il a suivi... Alors là il a tout compris !
C'était sur « la psychologie de l'homme au travail ». Cinquième coup de bambou !
Fulgurant ! Décisif ! Une sorte de récapitulation... (coup de gong)
D'ailleurs, ça n'était pas très compliqué, écoutez bien :
Le chef, il doit respecter les caprices de l'ouvrier... Terminé !
C'est ça, la psychologie. Si l'ouvrier fait la gueule,
Le chef doit se dire : qu'est-ce que j'ai bien pu lui faire ?
Et quand le chef a compris ce qu'il a fait à l'ouvrier,
Il doit s'efforcer de ne plus recommencer... Il suffisait de le savoir !

Parce que, quand l'ouvrier fait la gueule, il travaille moins bien.
Ç'a été prouvé. C'est démontré. On a fait des expériences...
Et ce qui est important, ce n'est pas que le chef ait de l'autorité,
C'est que le travail se fasse mieux... Oui, ça, ce n'est pas exactement
De la psychologie ouvrière, c'est de la psychologie patronale.
Mais maintenant, ouvriers et patrons, ça se confond : c'est tout des hommes.
Et que le travail se fasse mieux, finalement ça fait du bien à « L'HOMME ».
Tant pis pour le chef : il n'avait qu'à ne pas se trouver là.
Le chef, on le déploie comme un tapis rouge sous les pas de l'ouvrier.
Le chef, peut-être que ce n'est pas un homme !
En tout cas, c'est pas à lui que ça fait du bien !

TROISIÈME PARTIE : UN HOMME PEUT CHANGER

10

Yvonne : (Parlant au public.) Voici donc l'histoire de Stapfler... Comment elle a commencé, comment elle a continué... Et maintenant comment va-t-elle finir ?... Eh bien, ces coups de bambou, je devrais plutôt dire, ces coups de bâton... ça lui a finalement fait beaucoup de bien. Moi j'avais bien essayé, mais je n'avais jamais pu taper assez fort ! Naturellement sa démission n'a pas été acceptée, on nous a au contraire envoyés tous les deux en voyage pour quelque temps... Eh oui : ils mettent les femmes dans le coup maintenant ! Il a réfléchi... Je veux dire : on a réfléchi... Même si c'était son père qui l'avait élevé comme ça... il faut changer avec son temps ! Quand on a quarante-cinq ans on peut encore changer. Ensuite on est rentrés, il a repris son poste... Et tous ces séminaires, qu'il avait manqués la première fois, il les a refaits, comme volontaire ce

coup-ci. Eh oui, eh oui... J'en ai même fait quelques-uns avec lui... Et il y a des choses qu'il ne comprenait pas et que je lui ai expliquées... Ça l'a beaucoup travaillé. Des idées nouvelles : pourquoi pas. Avec prudence, bien sûr, mais pourquoi pas ?... Et les cercles de qualité : même chose... Et les années ont passé. Moi, maintenant j'ai appris la comptabilité et je travaille à domicile pour les uns et pour les autres... Quant à lui !... Mais voyez plutôt !
(Elle va tourner les aiguilles de la pendule : il est huit heures et demie. On entend un bruit dans la coulisse.)

11

Yvonne : (Reprenant son rôle : elle s'est assise à la table et fait des comptes.) C'est toi ?

Stapfler : Oui, c'est moi.

Yvonne : Tu es bien en retard ce soir !

Stapfler : J'ai encore eu des emmerdes avec Delporte, tu sais le petit chef d'atelier que j'ai embauché pour s'occuper des décolleteuses.

Yvonne : Encore lui... Je t'ai laissé de la soupe sur le coin de la cuisinière. Elle doit être encore tiède, mais fais-la réchauffer un petit peu. Il y a aussi un reste de purée.

Stapfler : Oh, ça ira comme ça (il s'installe pour dîner). Et toi, ça tourne ?

Yvonne : Oh, je m'en vois... Dans les garages, c'est toujours tellement compliqué ! (il mange). Qu'est-ce qui lui est encore arrivé à ce pauvre Delporte ?

Stapfler : Je ne sais pas ce qu'on leur apprend dans les écoles. Ils connaissent parfaitement les histoires de clés et de boulons : mais dès que c'est des affaires d'hommes, ils ne savent plus comment s'y prendre. Il s'est encore accroché avec Favier. Ça a failli faire vilain.

Yvonne : Ils se sont tapés dessus ?

Stapfler : Pas tout à fait... Mais moi, en tant que chef du personnel, j'ai dû envoyer une lettre recommandée à Favier... J'étais embêté ! Je l'ai dit à Delporte... Je lui ai dit : « J'ai envoyé une lettre recommandée à Favier parce que je suis bien obligé de défendre la hiérarchie. Mais en réalité, toute cette histoire, c'est de ta faute. Et Favier le sait très bien, non seulement que c'est de ta faute, mais que je sais que c'est de ta faute... » ... Dis donc, c'est une purée vite fait, ça ?

Yvonne : Évidemment...

Stapfler : C'est dégueulasse !

Yvonne : Ça nourrit... C'est toujours ça. Tu n'as jamais le temps de m'arracher des pommes de terre.

12

Stapfler : Ah, le jardin ! c'est vrai que... (il mange). Et justement, Delporte, je lui ai dit : « Est-ce que tu as un jardin potager ? »

Yvonne : Bien sûr qu'il en a un. Je passe devant tous les jours... Je me faisais même la remarque que pour un jeune, c'était étonnant. Et drôlement bien tenu !

Stapfler : C'est ce qu'il m'a répondu. Alors je lui ait dit : « Voilà, si tu as un jardin, nous allons tout de suite nous comprendre... Tes ouvriers il faut que tu les traites comme tu traites tes légumes... » — « Antoine, tu déconnes... »

Yvonne : Ah, parce qu'il t'appelle Antoine. Et il te tutoie.

Stapfler : Naturellement. On est de la même école... à quelques générations près. Remarque, lui, il m'appelle Antoine, mais moi je lui dis Delporte : ça suffit à marquer la différence ! — « ... Eh oui, Comme tu traites tes légumes. Avec eux tu ne te mets jamais en colère, tu ne leur dis pas que ce sont des imbéciles... Mais au contraire tu leur prépares le terreau, tu leur enlèves les mauvaises herbes, tu leur mets de l'engrais, tu les arroses, tu les couvres quand il gèle, tu les débarrasse des pucerons... Enfin tu fais tout ce que tu peux pour qu'ils se sentent bien... Et puis ensuite tu leur fous la paix et ils savent tout seuls comment il faut faire pour grandir, et pour devenir de bons légumes, bien savoureux... Tu les laisses se débrouiller. »

Yvonne : Qu'est-ce que tu as encore été imaginer ?

Stapfler : Sais pas. Tu ne trouves pas que c'est une bonne comparaison. Ça m'est venu comme ça. Alors il me répond, avec ses yeux d'ahuri : « Mais à l'atelier, ce n'est pas la même chose, je suis le chef ! » Alors je lui dis : « Ça n'est pas une raison pour ne pas leur faire confiance. Peut-être qu'il n'y a que ça qui te manque : tu voudrais toujours tout savoir et tu ne fais pas confiance aux autres. Qu'est-ce que tu connais à la croissance des haricots ? Et pourtant ils poussent ! Mais tu es jeune, tu peux encore apprendre. Ça serait dommage si à ton âge tu ne pouvais pas encore apprendre. »

Yvonne : Si tu veux du fromage, il y en a dans le placard.

Stapfler : (Se levant pour aller chercher le fromage.) Je veux bien. Et j'ai ajouté : « Tu vois, tu partirais le matin pour l'atelier comme tu vas le soir à ton jardin... Tu deviendrais un bon jardinier, un bon jardinier d'hommes !

Yvonne : Tu sais que ça me fait tout drôle de t'entendre raconter ça.

Stapfler : Ah oui ! Et pourquoi ?

Yvonne : Non, non... Pour rien.

Stapfler : Et finalement, Delporte, je l'ai inscrit à un séminaire sur la communication... On commencera par là. Il n'est pas idiot. Ça va être une découverte. Il en reviendra à moitié sonné... Mais peut-être que ça le fera réfléchir. (Il a fini son repas.) Parce que quand les ouvriers sont heureux, ils travaillent mieux. Et quand ils travaillent mieux, le chef lui aussi est heureux... je ne sais pas où je vais chercher tout ça.

Yvonne : Range tes couverts dans le lave-vaisselle. Je ferai une machine demain...

Stapfler : (Revenant s'asseoir dans un fauteuil, en face d'Yvonne.) C'est vrai que ça me fait tout drôle, à moi aussi. On a joliment changé !

Yvonne : Oui, tu peux le dire. Et ton ulcère, c'est complètement fini, maintenant ?

Stapfler : (Se tâtant l'estomac.) J'en ai bien l'impression. Je ne sens plus rien.

Yvonne : Quand je pense à tous les caprices que tu faisais pour manger toujours à la même heure...

Stapfler : Faut croire que ça venait d'ailleurs.

Yvonne : Ça se peut bien.

Stapfler : C'est bien mystérieux ! Faut jamais désespérer. (Yvonne continue à travailler. Lui met les pieds sur la table... Le silence s'installe.)

Variante moins euphorique pour la troisième partie

TROISIÈME PARTIE : UN HOMME PEUT-IL CHANGER ?

10

Yvonne : (Prenant le rôle du... sage et parlant au public.) Voici donc l'histoire d'Antoine Stapfler... Comment elle a commencé, comment elle a continué... Et maintenant comment va-t-elle finir ?... Ici l'auteur est embarassé : les histoires de ce genre, il arrive qu'elles finissent mal, tant les hommes ont de peine à changer leurs comportements et à devenir tout simplement... réalistes ! Mais il arrive aussi qu'elles finissent bien, si on s'y prend assez tôt et si on s'en donne la peine. Pourquoi ne serait-ce pas le cas de notre ami Stapfler ? Voici en tout cas quelle fut, donnant le départ au processus de sa transformation, la fin de la conversation qu'à l'occasion de cette pièce il eut avec sa femme... une bonne femme, il faut le reconnaître : patiente, intelligente..., réaliste, justement !

11

Yvonne : (Reprenant son rôle et appelant) Antoine !

Stapfler : (Revenant avec son panier plein de pommes de terre) Me voilà, j'ai fini.

Yvonne : Ça va mieux ?

Stapfler : Ça va mieux, ça va mieux... ? Ça désénerve.

Yvonne : Bon. Alors qu'est ce qu'on va faire ? On ne peut pas en rester là. Tu ne voudrais pas essayer de revenir à la raison ?

Stapfler : A la raison, tu en as de bonnes !

Yvonne : Oui, tu ne crois pas qu'il serait temps de renverser la vapeur ? Maintenant que tu as laché ta bile ! Tu ne crois pas qu'un bonhomme, une fois dans sa vie, ça peut changer ? Ce serait peut-être plus intelligent que de donner ta démission.

Stapfler : Qu'est-ce que tu veux dire ?

Yvonne : Je veux dire, en faisant un petit effort... T'as tout juste cinquante ans. Tu pourrais faire un effort.

Stapfler : J'aimerais pas tellement. Et puis, si j'ai raison, pourquoi est-ce que je changerais ?

Yvonne : Oui, mais si tu as tort.

Stapfler : Il faudrait me le prouver.

Yvonne : En tout cas ça serait plus simple de te changer toi, plutôt que de vouloir changer tous les autres.

Stapfler : Je ne vois pas pourquoi ce serait moi qui changerais.

Yvonne : Tu n'es pas le plus fort... Tu vois bien.

Stapfler : Et alors, comme mon père m'a fait, il faudrait qu'ils me défassent ! Je n'aimerais pas avoir passé cinquante ans à me tromper.

Yvonne : Le monde a changé. Ton père ne pouvait pas le savoir. Tu n'as pas passé cinquante ans à te tromper. Suppose que tu sois une cheville ronde... C'est pas de ta faute : maintenant on fait tous les trous carrés.

Stapfler : Tu t'imagines ce que ça te ferait à toi si on voulait te retailler !

Yvonne : Tu m'en as bien fait voir d'autres... Écoute, peut-être que la mode, elle reviendra aux trous ronds : mais tu aura dépassé l'âge de la retraite et d'ici-là...

Stapfler : D'ici là, d'ici là...

Yvonne : Tu veux vraiment qu'ils se mettent à chercher un autre contremaître qui fasse l'affaire ?

Stapfler : Pour se farcir tous ces petits... ! Ils peuvent chercher longtemps.

Yvonne : Je ne jouerais pas à ce petit jeu : ils finiraient par trouver !... Mais je fais un rêve : suppose que ce soit toi qu'ils trouvent ! Que tu aies tellement changé que ce soit toi qu'ils retrouvent !... Et moi, ça ne me déplairait pas que tu deviennes un peu plus gracieux... Tu vois, je vais te dire quelque chose : si seulement tes ouvriers, tu les traitais comme tu traites tes légumes...

12

Stapfler : Comme je traite mes légumes ?

Yvonne : Avec eux tu ne te mets jamais en colère, tu leur prépares le terreau, tu leur enlèves les mauvaises herbes, tu les arroses, tu leur mets de l'engrais, tu les débarasses des pucerons, tu les couvres quand il gèle... Et à part ça, tu ne leur dis pas comment il faut faire pour grandir, ni pour devenir bons, tu les laisses se débrouiller tout seuls...

Stapfler : A l'atelier, ce n'est pas la même chose : je suis le chef.

Yvonne : Ça n'est pas une raison pour ne pas leur faire confiance. Peut-être qu'il n'y a que ça qu'il te manque : savoir faire confiance. Peut-être que tu peux encore apprendre. Tu partirais pour l'atelier comme tu vas à ton jardin : un bon jardinier, tu serais devenu, un bon jardinier d'hommes...

Stapfler : Maintenant, je suis trop vieux. J'ai donné ma démission.

Yvonne : Ils n'ont pas eu l'air de la prendre bien au sérieux. C'est bien normal que tu fasses un petit caprice, de temps en temps. Toi aussi tu es un homme après tout ! Mais si, mais si ! Et puisque le patron t'as dit de revenir le voir demain, vas-y et explique toi avec lui. Peut-être qu'ils pourraient t'aider... Sans perdre la face.

Stapfler : Je l'ai déjà perdue.

Yvonne : Justement, tu ne risques pas de la perdre de nouveau. Tu as même tout à gagner... (Tu ne crois pas que du chef au patron il y a la même distance que de l'ouvrier au chef ?) Pour le patron il est essentiel que le chef ne fasse pas la gueule !

(Le téléphone sonne.)

Yvonne : Tu vois, je parie que c'est lui. (Elle décroche...) Mais oui, c'est lui... « Ici, c'est sa femme, c'est Madame Stapfler »... Il t'a cherché partout... « Oui, il a eu un petit moment de... fatigue »... Est-ce que tu peux aller le voir demain matin vers dix heures... Si tu as le temps, bien sûr !... Il aurait une mission à te confier... « C'est entendu : il y sera. » (Elle raccroche.) Qu'est-ce que je te disais ?

Stapfler : Tu décides à ma place. Une mission ? Et ma démission ?

Yvonne : Ne fais pas l'âne ! Probable qu'il a mal compris. Ou peut-être qu'il a fait exprès de ne pas comprendre... Profites-en pour négocier ton tournant. Il a fait de la psychologie, lui aussi. Et si tu sais t'y prendre, c'est lui qui fera le tapis rouge et tu n'aura plus qu'à t'essuyer les pieds.

MONSIEUR PATRON SAISI PAR LA QUALITÉ

Un patron tenace, autoritaire, brouillon et entreprenant vient d'assister à un séminaire sur le problème de la QUALITÉ : c'est-à-dire sur les moyens d'obtenir que toute l'entreprise, saisie par un grand souci de perfection, se mobilise pour livrer à son client un produit exempt de tout défaut : ce qui représente évidemment un atout majeur dans la bataille concurrentielle. Or donc notre patron a été tellement impressionné par ce qu'il a appris qu'il a décidé sur-le-champ de mettre les principes de la QUALITÉ en application dans sa société : même si la nouvelle doctrine repose essentiellement sur une liberté et une responsabilité de tous les exécutants, qu'il est de par sa culture antérieure incapable de concevoir... Il réunit ses cadres et leur adresse une exhortation dans laquelle éclatent toutes ses contradictions.

Il a entre cinquante et soixante ans, de la corpulence et du bagout. Il s'adresse aux spectateurs comme s'ils étaient ses cadres et désigne parmi eux ceux avec lesquels il est censé dialoguer. Il est très extraverti et son corps parle autant que sa bouche. De plus il simplifie volontiers la forme de son langage ; par exemple : (il) n'y a qu'à..., (il ne) faudrait pas que, etc.

1

Tout le monde est là ? Doublefosse, Leprêtre... Encore vous ! Prince... Voilà.

Tavernier, Mabichard, Dutourd, Gagneux, Troccon, Laimable...

Bien... Et Lefranc ? Lefranc, pourquoi vous cachez-vous derrière Doublefosse ?

Que je vous voie !... Manque personne... ?

Alors, fermez la porte là-bas : je ne peux`par parler dans les courants d'air.

Bien, je commence... J'ai des choses importantes à vous dire...

Ça ne vous intrigue pas que je vous réunisse comme ça ?

... Vous avez peut-être remarqué que j'ai été absent quatre jours...

Bien sûr que vous l'avez remarqué : quand je suis ici je ne passe pas inaperçu... !

Eh bien, contrairement à ce que vous pensez, je ne suis pas parti courir la gueuse,

Mais j'ai été... quoi faire ?... Suivre un séminaire. Je vous dirai de quoi après.

Mais le seul fait que j'aille suivre un séminaire, moi, ça devrait vous titiller...

Au fait, il manque quelqu'un... Il me semblait bien : Dartigues ! Où est Dartigues ?

... A Manchester ! Vous n'allez tout de même pas me dire que ça pose un vrai problème

De rentrer de Manchester dans la nuit... Quand je convoque mes cadres...

Ça n'arrive pas si souvent... j'aime mieux vous avertir que celui qui n'est pas là...

Pourtant s'il y en a un à qui ça aurait fait du bien !

Pour une fois : que ce soit la dernière. Lefranc vous prendrez des notes

Et vous lui expliquerez tout dans le détail. Je vous rends responsable...

2

Donc un séminaire… Imaginez de quoi ?… Je ménage mes effets !
Un séminaire sur la qualité. C'est bête, la qualité. Tout le monde sait ce que c'est.
Tout le monde fait des produits de qualité : personne ne vous dira le contraire.
Eh bien si : un séminaire sur la qualité… LA QUALITÉ avec un grand Q…
(Un si grand et un si beau cul que ça vous…
Allons bon, je ne vais pas commencer comme ça… J'annule. Retour en arrière…
Un séminaire sur la QUALITÉ : un point c'est tout.)

Puisque nous parlons de séminaire, je ne sais pas si vous êtes comme moi,
Mais moi, à la messe, quand j'y vais, je vous avoue que je m'emmerde…
C'est le train-train, la routine ; on sait déjà comment ça finira…
En tout cas, ça ne me touche guère. Je n'ai jamais eu de visions.

Mais alors là, dans le séminaire sur la qualité… Alors là…
Je n'ai pas seulement eu une vision, j'ai eu une apparition !
Vous vous rendez compte. Ça m'est arrivé à moi. Incroyable !
Et je vais vous dire ce que j'ai vu : j'ai vu Sainte QUALITÉ…
(Vous voyez, il valait vraiment mieux ne pas parler de cul…
Encore que pour ce qui est de faire le trottoir, la QUALITÉ !
Mais surtout, surtout je ne voudrais choquer personne !)
J'ai vu sainte QUALITÉ. Et elle m'a eu.

Soyez tranquilles : vous y passerez tous…

3

Et puisqu'on est quasiment à la messe : une parabole.
Un jour un manœuvre marocain s'adressa à son chef et lui dit :
— Dis, chef, ça fait quatre jours que je creuse des trous...
Un autre et puis encore un autre et puis encore un autre,
Un peu partout sur le chantier. Chaque fois, tu viens me voir
Tu regardes dedans et tu me dis encore de reboucher le trou !
Dis, chef, à quoi ça nous mène, je ne comprends pas...
Tu m'as puni ou quoi ? Je n'ai pas mérité ça...
— Ne t'inquiète pas : moi, je comprends ; et tu n'es pas puni.
— Tu ne pourrais pas m'expliquer : j'aimerais bien... Si je ne suis pas puni !
— Ça ne te regarde pas, Ahmed, — Si ça ne me regarde pas,
Demain matin je pose ma pelle et je tombe malade pour de bon.
— Si tu veux tout savoir, j'ai perdu le plan de la canalisation de gaz
Qui passe sous le chantier : c'est pour la retrouver que je te fais faire des trous.
— Pourquoi est-ce que tu ne l'as pas dit plus tôt ?
Moi je sais où elle passe, la canalisation de gaz. C'est moi
Qui ai creusé la tranchée : mais je pensais que tu le savais toi aussi,
Puisque tu ne me faisais jamais faire de trou là ou elle passe.
Je croyais que c'était pour ne pas risquer de l'abîmer.
Elle passe là-bas, sur le bord... Et comme je sais que ça t'arrive
De perdre des plans, regarde : j'ai posé des petits piquets.
Tu vois, chef, si tu m'avais expliqué, tu aurais gagné des sous... »

Elle n'est pas belle, ma parabole ?

4

Donc le séminaire...
Ils étaient deux : un petit et un grand. Le grand faisait les exposés théoriques...
Je ne vous dis que ça : costauds ! Et le petit était bourré d'exemples...
Deux types extraordinaires. Et drôlement convaincus : quasiment des apôtres
... Vous me connaissez : je ne m'emballe pas comme ça : des beaux-parleurs,
J'en ai rencontré dans ma vie... surtout chez les conseils. Mais ceux-là !
Et ce qu'ils disent, c'est VRAI. Alors, si c'est vrai, il faudra bien
Que vous finissiez par mettre les pouces...
Après ce qu'ils m'ont fait à moi... !

Vous verrez, quand vous y serez...

Et vous savez ce que j'aurais ajouté, Moi, si j'avais été Ahmed ?
J'aurais dit au chef : « Eh chef, le plan je te l'aurais fait si tu avais voulu,
Et je te l'aurais classé, et je t'aurais mis de l'ordre dans ton bureau,
Et j'aurais pris en main le chantier, et tu aurais pu rentrer chez toi.
Parce que, moi, chef, j'ai été à l'école du soir et j'ai appris des choses,
Et j'en ai tellement appris que c'est possible que j'en sache plus que toi... »
Voilà ce que j'aurais dit si j'avais été Ahmed, Moi !... Comme ça...

... Pourquoi est-ce que vous m'interrompez, Laimable... Quoi ?
Qu'est-ce que j'aurais dit, si j'avais été le chef... ? Vous voulez le savoir... ?
Si j'avais été le chef, j'aurais répondu : « Prends ma place, tu l'as bien méritée. »
Vous ne l'attendiez pas, celle-là... C'est nouveau ?

Oui, c'est nouveau.

5

Bon, bla-bla, ça suffit : soyons concrets.
Vous savez ce que ça coûte, vos bêtises : les vôtres et celles de vos branlots ?
Tous les trous que vous faites creuser pour retrouver les canalisations perdues !
Hein... Vous ne vous êtes jamais posé la question. Eh bien, moi, si.
Et Je vais vous donner les réponses. Ah, j'en ai appris une chouette de comptabilité
Là-bas... Je vous expliquerai, Regner : et à partir de maintenant il va bien falloir
Que ça vous intéresse... J'ai calculé ça hier dans le train, en rentrant.
Les bêtises d'aujourd'hui, avec leurs conséquences capitalisées sur cinq ans !

Écoutez-moi ça, Dutourd. Quand Suzanne est grincheuse au téléphone...
En quoi est-ce que ça concerne la qualité que Suzanne soit grincheuse au téléphone ?
Mais, Dutourd, vous n'avez rien compris : c'est là que tout commence.
La première chose c'est quand même de ne pas faire fuir le client !
« Allo... allo... Oh là là, qu'est-ce que c'est encore, ça n'arrête pas aujourd'hui... »
Donc, quand Suzanne est grincheuse au téléphone...
Une fois : vingt-sept francs ; deux fois : soixante et un francs...
Etc., etc., c'est logarithmique... Dix fois : mille deux cent trois francs.
A cinquante fois, ça représente un demi client de perdu !

Et vous Gagneux, je vous le disais bien : quand la clientèle nous rebalance

Dans les gencives — retour de courrier — un appareil neuf qui ne marche pas, ça coûte
Au total : dix sept mille deux cents francs. Tout compris : réparation,
Temps perdu, frais d'expédition, préjudice moral, manque à gagner, etc., etc.
... Je ne sais pas pourquoi je m'en prends à vous, Gagneux :
Troccon et Tavernier sont largement en cause... Et moi aussi peut-être.
Et puis vous tous... J'en ai assez de tout prendre sur moi.

Vous vous rendez compte : combien est-ce qu'il y a d'appareils neufs
Qui rentrent chaque jour : trois en moyenne, vous le savez aussi bien que moi.
Deux cents jours par an, pour simplifier : ça fait six cents appareils
Au total... Vous avez déjà fait la multiplication :
Dix millions trois cent vingt mille francs... Nouveaux, bien entendu.
Ça coûte drôlement moins cher de prévenir que de réparer...
Moi qui pleure chaque fois qu'il faut vous augmenter !

Quand Blanchard tire sa flemme une fois par mois : dix-huit mille francs.
Quand une monteuse se met en caisse : cinq mille deux cents francs,
Quand quinze monteuses se mettent en caisse trois jours par mois :
Ça fait par an deux millions six cent mille francs...
Moi qui suis toujours en train de gratter mes fonds de tiroirs
Pour assurer les échéances... Hein, Regner.

6

Et une demi-journée de grève, y compris tout ce qui précède...
Et parfois ça dure des mois, et tout ce qui suit : palabres, mécontentement,

Réunions d'atelier, meeting dans la cour, retards, insolences...
J'en passe : bref, au bas mot, pour ne pas dire plus : un million cinq cent mille...

Et tout ça, soyez tranquilles, calculé avec des formules sûres,
En tenant compte de tout : du nombre de clients, de l'achat moyen,
De la concurrence, de la publicité, avec des abaques et des corrélations,
Établi sur un échantillon de cinq cents entreprises représentatives...
Du solide, quoi ! je vous donnerai tout ça, Regner.

Alors je me dis qu'on ferait peut-être mieux de mettre la clé sous la porte :
Avec tout ce qu'on ne perdrait pas, je m'y retrouverais peut-être !

Et quand Lefranc se prend de bec avec une de ses règleuses,
Et que le lendemain elle lui rend son tablier : le temps
De former une remplaçante, avec tout ce que ça suppose...
Au bas mot, perte sèche : huit cent mille francs. Ça fait réfléchir !

Je vous le dis, la qualité, ça peut rapporter gros.
... Me voilà devenu carrément souteneur !

7

Et qu'est-ce qu'il faut pour avoir de la qualité ?
N'allez pas chercher plus loin : il faut des HOMMES LIBRES...
Pleins d'expérience et d'initiative, qui s'organisent tout seuls,
Qui réfléchissent à ce qu'ils font, qui prennent leurs responsabilités,
Qui parlent de leurs problèmes avec leurs collègues,
Qui se réunissent pour essayer de les résoudre,
Pas toujours pendus aux basques de la direction,
Qui se passionnent pour ce qu'ils entreprennent,

Qui plongent tout entiers dans leur boulot
Qui y passent leurs nuits, qui y sacrifient leurs vacances
S'il le faut... Pas des esclaves, des hommes libres !

Il y a des jours, moi, où j'aimerais mieux donner congé à tout le monde,
Les jours où ça va mal, on perd plus d'argent qu'on n'en gagne.
Vaudrait mieux aller à la pêche : on se serait au moins désénervé...

Des hommes libres et responsables qui savent où ils veulent aller...
Ça va... ? Doublefosse, vous me comprenez ? Un peu abstrait peut-être...
Faites un effort... Je suis sûr que si vous faites un effort...
Ce sont tout de même des choses qui sont accessibles à tout le monde !

Cette idée-là, je vais tout de suite vous dire comment je suis entré dedans.
L'animateur, le grand... Jabriski, il s'appelle... probablement un Polonais...
Mais ça ne fait rien : ces gens-là sont des mystiques... Donc il me dit :
« Est-ce que je peux vous faire tourner en bourrique pendant deux minutes ? »
... Au point où j'en étais, il aurait pu le faire sans me le demander.
En bourrique, ça ne me plaît pas beaucoup... Mais quand on demande gentiment !
« Je veux bien » je lui dis... Moi, en bourrique !
Ces séminaires, c'est plein de petits exercices plus ou moins bizarres.
Pour vous faire comprendre des choses que vous ne voulez pas comprendre.
« Qu'est-ce que vous allez me faire faire ? » — « Rien de bien méchant. »

8

« Vous allez exécuter strictement les instructions que je vais vous donner... »

Il aurait dit ordres, je n'aurais peut-être pas marché... Mais : instructions !

« Reculez votre chaise. »... Je recule... « Avancez votre buste vers l'avant...

Mettez vos pieds à l'aplomb de votre buste... Posez vos mains sur la table

Et levez-vous en prenant appui sur vos pieds et sur vos mains... »

A ce moment je me retourne pour retenir ma chaise qui allait tomber...

« Je ne vous ai pas donné d'instructions pour vous occuper de votre chaise. »

La moutarde commence à me monter au nez... Vous me connaissez...

Lui, avec son sourire charmeur : « Donnez-moi au moins deux minutes de confiance. »

Je suis debout devant la table et ma chaise est par terre.

« Quart de tour à droite... Trois pas en avant... Quart de tour à droite...

Cinq pas en avant... » Je me crois revenu au régiment.

Je me demande à quoi ça rime. Il me fait faire le tour de la salle...

« Halte... Demi-tour à gauche... Levez le bras à la hauteur de votre troisième bouton...

Avancez la main... Mettez-la sur la poignée de la fenêtre...

Tournez d'un quart de tour dans le sens inverse des aiguilles d'une montre... »

Pendant ce temps il m'engueulait chaque fois que je faisais un geste

Qu'il n'avait pas commandé... « Tirez à vous les deux battants »

J'ai eu peur à un moment qu'il me fasse sauter par la fenêtre... Ça vous aurait plu !

Mais non : après que j'ai tiré la fenêtre, il m'a dit : « Fin de programme. »

Même pas merci, hein... Fin de programme. Sec comme un coup de trique.

Et aux autres : « Vous ne trouvez pas qu'il commençait à faire un peu chaud ! »

9

Puis il s'est retourné vers moi : « Alors qu'en pensez-vous ? »
— « C'est con. » — « Je ne vous l'ai pas fait dire... »
— « Si vous aviez trop chaud, il suffisait de le demander :
J'aurais été tout seul ouvrir la fenêtre et plus vite que ça. »
— « Je me suis donc comporté comme un chef idiot...
Ou à l'extrême limite comme un chef qui aurait affaire à un idiot ? »
— « Exactement : qui donne des ordres pour aller quelque part
Sans se donner la peine de dire où on va... Moi je n'aime pas ça »
— « Pouvez-vous me jurer que vous n'en avez jamais fait autant ? »

Eh bien, je ne peux pas le jurer... Moi, je ne m'en rends pas compte,
Mais ça m'étonnerait que vous n'ayez pas des exemples à me donner,
Des exemples de cas où je me serais comporté comme un chef idiot...
Un ordinateur, pour le faire aller quelque part, on lui dit : fais ci, fais ça.
Un bon ouvrier, on peut lui dire à quel endroit on veut le voir arriver,
Et il se débrouille pour y aller ; pas besoin de lui dire comment.
Il met sa petite machine en marche, ça tourne tout seul là-dedans : et il y va !

Et vous, ça ne vous est jamais arrivé de donner des ordres idiots... ?
Mais moi au moins, je suis capable de me remettre en cause.
Il suffit d'indiquer le but à atteindre, pas besoin de s'occuper des moyens.

Parce que dans chaque exécutant, il y a des trésors de connaissance,
De patience, de débrouillardise, de passion, d'imagination...
« Tu vois cette montagne là-haut ? »... Deux jours après il a planté son drapeau !
Comment il a fait ?... Mais je m'en contrefous : il y est, ça me suffit.
Indiquez les buts... et les moyens se débrouilleront entre eux.

Sérusclat, il fait trop chaud ! Vous ne trouvez vraiment pas qu'il fait trop chaud ?
Vous ne me comprenez pas ?... Sérusclat, il fait trop chaud... J'attends.
Ne faites pas cette tête d'abruti... Bon Dieu, levez vous de votre chaise
Et allez m'ouvrir cette putain de fenêtre... Dépêchez-vous donc un peu.
Ah, la, la ! Avant que vous vous décidiez à comprendre, vous... !
Je serai obligé de vous botter le cul.

Faudra bien que vous y passiez !

10

Si je dis en me pinçant le nez : A... I... T..., ça vous dit quelque chose ?
Écoutez bien : A... I... T... ça ne vous rappelle rien ?
Allons réfléchissez :... Charité, mais oui... A... I... T... : Charité !
... A moins que ce soit Qualité... A... I... T... Qualité, peut-être bien.. Va savoir !
Mais justement on ne peut pas savoir : c'est la même chose.
La qualité, ça veut dire : moi, je vous aime, je vous aime...
Et je fais tout ce que je peux pour que vous soyez heureux.

Ça vous souffle... Et ça on le dit au client : Client, je vous aime !
Et alors on lui fournit un produit bien propre, un produit qui marche.

Pas de pannes, pas d'entretien... On l'a bien en main, il n'est pas dangereux :
Comme si on se faisait un cadeau à soi, comme si on faisait un cadeau à un ROI
Pour lequel on a fait travailler les meilleurs artisans du pays :
Juste ce qu'il voulait, comme si on le lui avait demandé. Et justement
On le lui a demandé : et puis on a pensé le produit, on l'a fabriqué
Tout droit, tout juste, sans rebuts, sans bavures : comme le petit cordonnier.
« Il le faisait si juste qu'il n'y avait rien de plus juste ! »
Beau à regarder, facile à utiliser, qui dure longtemps... GÉNÉREUX !

Il y a du pognon à se faire avec la générosité... !

Et tant pis pour le concurrent... Le concurrent il faudrait plutôt ne pas l'aimer.

Quelquefois j'arrive ici avec des visiteurs importants...
Je voudrais qu'en entrant ils me disent : « Oh, dites donc, ça sent bon ici !
Et je leur répondrais : « Ce que vous sentez, c'est l'amour du client... »
Il y a des jours où c'est comme l'odeur des garrigues sous le soleil...
Une entreprise qui sentirait bon l'amour du client !

11

Mais voilà : le client, ça ne suffit pas. Aimer le client, c'est le B.A. BA
De tout bon service commercial. Ce qu'il y a de nouveau, c'est que
Dans une entreprise, tout le monde vend et tout le monde achète :
Et par conséquent il faut que tout le monde aime tout le monde : Qualité, Charité.

Soyons concrets : vous savez ce que ça serait une société idéale ?
Ce serait celle où non seulement les représentants aimeraient les clients
Mais où le service commercial aimerait les représentants,
Où le service livraisons aimerait le service commercial,
Où le montage aimerait les livraisons, où la production aimerait le montage,
Où les ébauches aimeraient la production, où les stocks aimeraient les ébauches,
Où les achats aimeraient les stocks, où les fournisseurs aimeraient les achats...
Bref, on ferait tomber les vieux murs, on abattrait les forteresses :
Décloisonner, c'est le maître mot...

Voyons voir un peu... Tavernier... qui c'est votre client ?
Vous allez me dire que vous, service Achat, vous n'avez que des fournisseurs.
Eh bien moi, je vous vois au moins deux clients à portée de la main :
Gagneux, à qui vous devez livrer de bonnes pièces dans de bons délais
Et Dutourd à qui vous devez apporter toutes les bonnes idées des fournisseurs.
Deux clients de cette importance... Ça en fait de l'amour à prodiguer !

Et qu'est-ce que ça veut dire aimer ? Oh bien sûr, pas embrasser sur la bouche,
Mais livrer à l'autre un travail impeccable : pour qu'à son tour, vite fait, bien fait,
De proche en proche on arrive à remonter jusqu'au client...
Encore une fois je vous le dis : la générosité !
Et à la fin de l'année, je vous garantis qu'on aura fait des sous !
La générosité c'est peut-être du rêve : mais les sous c'est du concret.

Et moi, qui c'est mon client ? Réponse : c'est vous tous
Pour que je vous fabrique du bon management, costaud, fiable, dynamique !
Heureusement que je suis là !

Ça va, vous me suivez ?... Agnelli... ? Troccon... ? Pas de problèmes jusque-là ?
Dutourd, Prince... De temps en temps il faut s'assurer qu'on a été bien compris.
C'est ça la communication... Un jour je vous expliquerai en détail.

12

La même chose, d'une autre façon...
Vous savez pourquoi les Américains ont aboli l'esclavage... ?
Oh, pas par humanité, ni à cause de la Déclaration des droits de l'homme.
Tout simplement parce qu'un esclave, ça coûte plus cher qu'un ouvrier.
Un esclave, ça ne prend pas soin de soi, ça tombe malade,
Ça hésite à se reproduire, ça donne dans la mélancolie...
Un ouvrier auquel on verse son salaire, au contraire : il est libre,
Il est content, il peut faire jouer la concurrence entre patrons,
Il lutte pour SA vie, il se maintient en bonne santé, il fait des enfants...

Eh bien il faut faire un pas de plus : il faut que les ouvriers deviennent...
Comment les appeler ?... des travailleurs indépendants, des fournisseurs... ?
Le mot exact, on ne l'a pas encore trouvé... des libriers peut-être !
Lib... comme dans lib-re et brier comme dans ou-vrier...
Brier, vrier, c'est la même chose : LIBRIER... !
Pourquoi est-ce que je ne me mettrais pas à inventer des mots, moi aussi ?
Des ouvriers, ça obéit... Remarquez : c'était déjà pas mal !
Mais quand on obéit trop bien, on fait des tas de conneries :
Forcément, le chef ne peut pas tout savoir. Il faut le comprendre.
Chaque fois qu'on donne un ordre, on risque de se faire piéger...

Bref, de trop bien se faire obéir, ça finit par coûter la peau des fesses...

Donc il faut que chacun, attention, je ne dis pas désobéisse, oh, la, la !
Mais prenne ses responsabilités un bon coup... des responsabilités
Qu'il est le seul à pouvoir prendre, parce qu'il est près du terrain
Et qu'il connait mieux que personne le problème à résoudre.
Vous n'avez jamais entendu parler du proverbe chinois :
Moins le chef commande, plus les ordres s'exécutent...
Hein, ça vous la coupe. C'est moi qui vous dis ça !
Ou encore : Le bon chef s'assied face au Levant dans la position
Du lotus et il attend que les choses se fassent... !
Il faudra bien que j'arrive à m'y faire à cette putain de position !

Qu'est-ce que vous dites, Leprètre ?...
C'est très bien de vouloir poser des questions :
Mais vous avez perdu une belle occasion de vous faire oublier.
Je suis sûr que vous aviez des quantités de bonnes raisons,
Mais j'aurais préféré que vous attendiez mon autorisation
Pour repeindre en jaune le toit du garage à vélos...
Mais nous réglerons ça plus tard. Pour le moment
Vous me faites perdre mon temps... Je reprends mon topo.

13

Donc, des hommes libres !
Comme ce serait bien, Mabichard, si dans votre atelier,
Vous alliez trouver un compagnon et que vous lui disiez :
Tiens, voilà le plan de la pièce à usiner. Elle doit servir
A bloquer le cliquet pendant que le compteur se remet à zéro...
Si tu ne comprends pas, va te faire... Va te faire quoi... ?
Enculer chez les turcs... ? Non : expliquer ça par le bureau d'études.

C'est une tout autre philosophie... Et ensuite débrouille-toi.
Si ça ne va pas, tu réunis les copains, ou tu vas trouver Doublefosse,
Ou tu téléphones à Gérard, ou tu viens me chercher...
Ou même tu vas demander conseil au patron : tu sais que ça lui fait plaisir...
Mais tu t'arranges pour que ça coûte un minimum... D'accord ? Et alors,
Tout ce qu'il a là-dedans (il montre sa tête) ça se met tout à coup en marche !
Encore une fois, c'est ça que j'appelle un LIBRIER. Vu ?

Ah ! Si tout ce qu'il y a dans vos têtes pouvait aussi se déclencher !
Et que vous vous mettiez tous à prendre des initiatives... !
Et moi, là, toujours dans la position du lotus :
Même si je devais en avoir des crampes pendant toute ma vie !

14

J'espère que cette fois vous avez bien tout compris... ?
Si vous voulez, je pourrai donner quelques cours particuliers.
C'est quand même facile de changer une bonne fois de mentalité !
Tout ça, ça s'appelle : instaurer dans l'entreprise une sub-culture créative.
Moi, vous voyez, ça m'a pris quatre jours... Qui dit mieux ?
Quatre jours pour rajeunir un vieux singe !

Maintenant passons à l'acte : formation, formation, formation...
En dehors de ça tout est vanité. Donc séminaires de QUALITÉ...
Prince, Troccon et Gagneux : du 10 au 14 juin inclus.
Lefranc, Tavernier, Dutourd, Regner : du 3 au 8 juillet... Quoi ?
Ah, si vous vous imaginez que c'est le moment de prendre des vacances !
Ne discutez pas... En rang par trois et gardez l'alignement...

Dartigues, Mabichard et Doublefosse : du 11 au 16. Et Laimable en serre-file :
Comme ça tout le monde sera d'attaque pour la rentrée.
Et vous Leprètre, qu'est-ce que vous dites ?... Non, vous pas question :
Je n'ai tout de même pas d'argent à jeter par les fenêtres. Compris ?
Je vous en foutrai, moi, des toits jaunes sur les garages à vélos.
Pour tous les autres, je m'empresse d'ajouter, de peur de l'oublier,
Que je ferai personnellement un contrôle des connaissances au retour...
Vous voyez, Leprètre, ça vous fera un souci de plus en moins.

Et pendant ce temps-là, MOI, je réfléchirai à une nouvelle organisation :
Diagnostic, pas besoin : je l'ai déjà fait... Il y a longtemps.
S'il y a quelqu'un qui la connaît, cette société, c'est bien moi.
Et puis je ne tiens pas à voir des conseils traîner dans la maison.
Ceux-là, quand on n'est pas de leur avis, ils vous foutent le bordel.

Donc, je revois tout : l'implantation des locaux, les définitions de fonctions,
L'organigramme, la rémunération, le travail en groupe... etc., etc.
Ah ! Les indicateurs surtout : oui, il en faut des indicateurs.
Et peut-être aussi que j'embaucherai un polytechnicien... pour les statistiques.
Et puis ça vous pose une maison, d'avoir son polytechnicien.
Vous allez voir : je vais tant en faire que...
Je finirai bien par vous le faire aimer votre boulot.
... Et ne me reprochez pas encore de vous tyranniser !...
Je ne dis pas seulement : « Vous êtes libres. »
Mais j'ajoute : « Vous avez l'obligation d'êtres libres. »

(A partir de là, de nombreuses fausses sorties...)
Vous ne savez pas ce qu'elle m'a dit, la petite sainte Qualité,

Quand elle m'est apparue ? Elle m'a dit : Ne dis plus jamais :
Je vous ordonne de, mais : Ce serait bien si... Vous sentez la nuance ?
Comme ça on leur fait faire ce qu'on veut sans même qu'ils s'en aperçoivent.
Et moi, en toute obéissance, j'applique tout de suite :
Ce serait bien si on allait se remettre vite fait au boulot.
Qu'est-ce que vous en pensez ?... Alors : exécution.
Ah si, encore une chose : Laimable, Prince et Doublefosse
Je vous attends à onze heures dans mon bureau...
Vous saurez toujours assez tôt pourquoi...
Ça va comme ça ?... On est d'accord... ?
De toute façon, c'est à prendre ou à laisser...
Des questions... ? Non, pas de questions... ?... Parfait.
Vous ne direz pas que je ne vous ai pas demandé votre avis.
Allez, maintenant au boulot... Ah si, j'allais oublier :
Leprêtre et Dutourd, vous me remettrez la salle en ordre.
Vous rangerez les chaises dans le coin, au fond à gauche...
Mais ne les empilez pas, ça les abîme...
Ou alors deux par deux, mais pas plus...

LA TERRIFIQUE HISTOIRE DU PETIT MARCHAND D'AMIDON

(ou LE TRIOMPHE DU MARKETING)

L'action se déroule de 1760 à 1999 et décrit les étapes de la carrière de Florian « l'éternel marchand » qui, de petit colporteur, devient un gros industriel...

L'action peut être jouée devant un paravent (faute de coulisses). Devant le paravent, au centre, Florian qui restera toujours en scène. Il est vêtu d'un costume qui lui permettra de passer à travers le temps. Florian s'entretient, tantôt à droite avec le *tentateur* qui, sous des formes diverses (au moyen de pièces d'habillement, symboliques et hâtivement passées) l'exhorte à élever ses prix ; tantôt à gauche avec la *ménagère* qui (tout en suivant sommairement la mode des époques auxquelles elle appartient) lui achète ses produits. Pendant que Florian discute avec l'un de ces deux personnages, l'autre a largement le temps d'opérer dans sa tenue les transformations nécessaires. Si l'on juge nécessaire de jouer l'effet, on pourra mettre au Tentateur un signe distinctif : une queue, par exemple, ou des cornes, et soutenir chacune de ses injonctions d'un roulement de tonnerre.

SCÈNE 1 — FLORIAN, LE TENTATEUR (EN LA PERSONNE DU CURÉ)

(Ils entrent, l'un poursuivant l'autre)

Le Curé : Je te le dis, garnement, cette paroisse n'est pas faite pour les paresseux !

Florian : Mais... Monsieur le Curé...

Le Curé : Tu as déjà dix-neuf ans, vingt ans bientôt, et tu n'as jamais rien fait de tes dix doigts.

Florian : Est-ce ma faute si...

Le Curé : Tu passes ton temps à jouer aux cartes et à courir les filles.

Florian : Il serait beau que vous me fassiez la morale !

Le Curé : Sais-tu qui j'ai rencontré hier soir ? la Jeannette... Tu devines ce qu'elle m'a dit ?

Florian : Je ne le devine que trop. Est-ce que c'est sur l'oreiller que vous l'avez confessée ?

Le Curé : Insolent ! Pendant que ton père, ta mère et tes frères labourent, sèment et moissonnent pour toi !

Florian : Mais... ça les amuse, c'est sûr.

Le Curé : Tu crois ça ? Tu ne peux pas continuer plus longtemps à vivre aux crochets du village.

Florian : Ne me dites pas que vous voudriez la Jeannette pour vous tout seul.

Le Curé : C'est le salut de ton âme éternelle que je veux.

Florian : Vous feriez mieux de penser au salut de la vôtre. Mais après tout c'est votre affaire.

Le Curé : Et je m'en occupe.

Florian : Que voulez-vous que je fasse ? Le travail des mains me dégoûte.

Le Curé : Alors fais-toi curé !

Florian : Ah ! pour ça, non !

Le Curé : Grossier personnage !

Florian : Je ne voulais pas vous offenser.

Le Curé : Ou bien soldat ?

Florian : Pour qu'on me mette au pas ! Jamais.

Le Curé : Eh ! bien, marchand.

Florian : Marchand ?

Le Curé : Oui. Il y a une petite subsistance à gagner comme marchand. Sous le règne de notre bon roi Louis XV, les campagnes se sont enrichies ; il y a des écus dans toutes les chaumières. Tu serais bien maladroit si tu n'arrivais pas à en piquer quelques-uns au passage pour subsister. Bien sûr, ce n'est pas une façon très honorable de gagner sa vie, mais l'important c'est de la gagner et, fainéant comme tu es, je ne vois vraiment pas...

Florian : Ce que je pourrais faire d'autre ?

Le Curé : Exactement. Et puis surtout cela nous débarrasserait de toi. Tiens, je te fais une proposition. Nous avons enterré hier le Père Blastogne, le colporteur ; il te fait cadeau, par mes mains, de son équipement : un bâton de bois noueux et un sac de marchandises. Prends sa suite et va au diable... au diable ! je voulais dire : mets-toi au travail, c'est la même chose. Je suis ton pasteur, tu dois m'obéir. (Il sort.)

Florian : Marchand, pourquoi pas ? J'ai l'impression que je n'ai pas le choix. Eh ! bien adieu, Jeannette ! Ma foi, une de perdue, dix de retrouvées. Allons, en route.

SCÈNE 2 — FLORIAN, LA MÉNAGÈRE (EN LA PERSONNE D'ANNETTE)

Florian : (Frappant à la porte.) Toc, toc, toc.

Annette : Qui va là ?

Florian : C'est le petit marchand d'amidon.

Annette : Le marchand de quoi ?

Florian : D'amidon.

Annette : Ah ! c'est vous, Père Blastogne ? Avec cette révolution, on est devenus méfiants.

Florian : Non, ce n'est pas le Père Blastogne, c'est moi, Florian. Le Père Blastogne est mort l'année dernière, j'ai pris sa succession. Ouvrez-moi, vous n'avez rien à craindre.

Annette : Pauvre Père Blastogne ! Je l'aimais bien. Il passait deux fois par an, à la Saint-Michel et à la Chandeleur. Entrez, beau jeune homme !

Florian : Je suis un peu en retard parce que je ne connais pas bien la tournée. J'ai attrapé le fil et je remonte d'une acheteuse à l'autre. Je passe plus de temps à chercher mon chemin qu'à vendre mon amidon. Ainsi, voilà trois heures que je tourne : votre ferme est si bien cachée dans le fond de son vallon ! Laissez-moi poser mon sac et souffler un peu.

Annette : Que je vous aide à vous débarrasser.

Florian : Vous êtes bien aimable, ma mie.

Annette : Et moi qui m'inquiétais parce que je n'avais plus de quoi repasser mon jupon pour le bal du 14 juillet !

Florian : Vous voyez, j'ai senti cela. Je vous en mets deux mesures ?

Annette : Les temps sont durs. Mon mari n'est pas tellement d'accord.

Florian : Alors, une bonne mesure ? Il ne faut pas bourrer le monde.

Annette : Allons-y pour une bonne mesure. Dépêchez-vous avant que mon mari ne rentre.

Florian : Vous voyez, je vous le tasse bien... et c'est du pur amidon garanti. Vous en aurez pour quatre bons mois de repassage.

Annette : Tenez, voilà ma boîte à amidon. Versez... Cette boîte à amidon avait été donnée à mon arrière-grand-mère par un de ses promis qui la tenait lui-même d'un grand-oncle qui l'avait fabriquée de ses mains sous le règne du bon roi Henri.

Florian : Du bon roi Henri ? De la poule au pot ?

Annette : Lui-même... Cela fait presque deux siècles.

Florian : Ah ! c'était le bon temps. Elle est belle, votre boîte, toute polie par les années.

Annette : Et voyez comme elle fait joli sur ma cheminée ! Combien est-ce que je vous dois ?

Florian : Eh ! bien, vous connaissez mon tarif : deux sous.

Annette : Au fond ça n'est pas cher. Mais en prime, embrassez-moi.

Florian : Avec plaisir, belle dame. (Ils s'embrassent.)

Annette : Vous passerez bien la nuit ici ?

Florian : Ma foi, ce n'est pas avec deux sous que je pourrai me payer l'auberge !

Annette : Je vais préparer la chambre. (Elle sort.)

Florian : (Seul.) Deux sous, ce n'était que deux sous. Mais avec ça, j'avais toujours un bon lit bien chaud. Et, le croirez-vous ? De deux sous en deux sous, j'ai tout de même fini par me payer une paire de souliers et un chapeau de feutre... Et quelquefois même je peux m'arrêter au café pour me rincer la gorge.

SCÈNE 3 — FLORIAN, LE TENTATEUR (EN LA PERSONNE DE BAUDIN, LE MAÎTRE-VERRIER)

Le Maître-Verrier : Et pourquoi pas quatre sous ?

Florian : Quatre sous ?

Le Maître-Verrier : Oui, quatre sous.

Florian : Je ne comprends pas...

Le Maître-Verrier : Allons, compagnon : vous prendrez bien une pinte de cidre. C'est moi qui l'offre et je vous expliquerai ensuite pourquoi quatre sous.

Florian : Ce n'est pas de refus. Mais à qui ai-je l'honneur ?

Le Maître-Verrier : Je suis Baudin, le maître-verrier, fournisseur de Sa Majesté l'Empereur Napoléon.

Florian : Ah ! j'ai connu un Baudin du temps que j'étais écolier à Fontanges.

Le Maître-Verrier : A Fontanges ? Je me disais bien... Tu es Florian ? Ça n'est pas possible !

Florian : Mais si. (Ils s'étreignent.) Mon vieux Baudin !

Le Maître-Verrier : Comme c'est bon de retrouver le temps passé ! Je te sers ?

Florian : L'émotion me creuse. A la tienne !

Le Maître-Verrier : A la tienne ! Ah ! le pays !

Florian : Et pourquoi quatre sous ?

Le Maître-Verrier : C'est que tu y aurais intérêt.

Florian : Tiens donc : explique-moi !

Le Maître-Verrier : Regarde ce verre dans lequel l'aubergiste nous a servi le cidre : il est tellement épais qu'il joue le rôle d'une loupe à travers laquelle un quart de pinte paraît en valoir une demie... Je le sais bien, c'est moi qui l'ai fait, le verre.

Florian : Et alors ?

Le Maître-Verrier : Et alors, toi aussi, du devrais vendre ton amidon dans de petits pots de verre : cela te permettrait de diminuer sensiblement la quantité d'amidon que tu offres.

Florian : Ma foi ! tu es de ces trucs !

Le Maître-Verrier : Et puis tu gagnerais sur le temps : plus besoin de sortir ta mesure et de verser l'amidon sous le nez de tes bonnes femmes. Le petit pot tout prêt : hop, ça y est.

Florian : Mais c'est ce qui me donne le temps de causer un peu.

Le Maître-Verrier : Justement : ton temps est plus précieux que ça. Cela encore : le petit pot peut servir ensuite à des tas de choses, pour mettre le tabac du mari, ou pour faire tremper un bouquet de violettes, ou pour cacher les économies du ménage.

Florian : Tu vas chercher loin, camarade.

Le Maître-Verrier : Pas tant que ça : c'est ce qu'on appelle un argumentaire.

Florian : Tu vois, ce qui me gêne dans ton idée, c'est que quand je dose l'amidon moi-même je fais quelque chose de personnalisé : c'est une mesure sur mesure. Pour celle qui est rêche et distante, je lui fais une portion maigrichonne. Mais pour celle qui est amiteuse, alors, pour celle-là, je le tasse et je le serre... Embrassez-moi, belle dame.

Le Maître-Verrier : Il faut savoir ce que tu veux. Je te cède le petit pot, un sou, et toi, pour ta peine, tu ajoutes un autre sou : cela fait au total quatre sous. Songe donc, cela vaut le coup, et pour toi, et pour moi. Encore que moi, je n'en ai rien à faire : j'y perdrais plutôt. Ce que j'en dis, c'est pour te rendre service.

Florian : Mais la boîte à amidon : elle ne servira plus à rien !

Le Maître-Verrier : Tu m'as dit qu'elle était très décorative sur la cheminée ?

Florian : Sais-tu que tu me « tentes » ?

Le Maître-Verrier : Je l'espère bien, camarade.

Florian : Tope là : un essai ne coûte rien. (Le maître-verrier sort.) Nous allons bien voir.

SCÈNE 4 — FLORIAN, LA MÉNAGÈRE (EN LA PERSONNE DE MARGUERITE)

Marguerite : Monsieur Florian !

Florian : Madame Marguerite ! J'étais pressé d'arriver. J'ai une surprise pour vous.

Marguerite : Une surprise ?

Florian : Vous ne reconnaîtrez plus mon amidon.

Marguerite : C'est qu'il m'en reste beaucoup de la dernière fois. Vous m'aviez si bien entortillée que je vous en avais pris plus qu'il ne m'en fallait.

Florian : Il s'agit bien de cela ! Regardez ce petit pot, comme il est mignon. Un petit pot d'amidon. Si j'étais à votre place, rien que pour le pot, j'achèterais : vous voyez, il est plein jusqu'au bord. Le petit pot, c'est un cadeau que je vous fais.

Marguerite : C'est vrai qu'il est joli. Mais, si je l'achète, qu'est-ce que je vais faire de l'amidon qui me reste. Vous ne vendez pas de demi-pots ?

Florian : Ah ! non mais vous verrez, vous l'aurez bien vite utilisé ; en tout cas avant mon prochain passage. Avez-vous essayé d'empeser les mouchoirs de votre mari ? Il y a des hommes à qui ça ne déplaît pas.

Marguerite : Vraiment ! Vous me donnez des idées.

Florian : Et vos enfants ? Avec de petites robes bien repassées : Les beaux enfants de Madame Marguerite, qu'ils sont bien tenus !

Marguerite : Et c'est combien ?

Florian : Quatre sous.

Marguerite : Quatre sous ! vous me détroussez !

Florian : Je me contenterais de vous trousser.

Marguerite : Allons, bas les pattes !

Florian : Vous n'avez pas toujours été si farouche.

Marguerite : Laissez-moi, je ne suis pas d'humeur.

Florian : Remarquez que cela m'arrange : je n'ai plus le temps de penser à la gaudriole, le commerce me rend vertueux.

Marguerite : Allons, donnez-m'en un pot. Et quand j'aurai fini l'amidon, j'y mettrai de la confiture. Tenez, voilà vos quatre sous.

Florian : Merci, madame Marguerite. Vous faites une bonne affaire !

Marguerite : Et maintenant, filez vite : il faut que je fasse mon ménage.

Florian : A la prochaine fois, madame Marguerite.

Florian : (Seul.) Ça marche. J'ai eu chaud !

SCÈNE 5 — FLORIAN, LE TENTATEUR (EN LA PERSONNE DE L'ANIER)

L'Anier : Et pourquoi pas six sous ?

Florian : Six sous... !

L'Anier : Tu as oublié quelque chose.

Florian : Quoi donc ?

L'Anier : Tes frais de transport.

Florian : Tu veux dire le picotin de l'âne ? Je n'y pense jamais. Ah ! mon Dieu !

L'Anier : Ne jure pas ! Songe à l'état où je t'ai trouvé, traînant interminablement sur les chemins, suant et soufflant, courbé sous le poids de ton éventaire bourré de pots d'amidon. Que serais-tu devenu si je n'avais pas réussi à te convaincre que pour l'honneur de la royauté enfin rétablie (au public) — nous sommes en 1820 —, il n'était pas tolérable qu'un maître amidonnier puisse être confondu avec un portefaix...

Florian : Si tu savais combien j'ai souffert moi-même de cette confusion !

L'Anier : Avec un sou par pot, tu as pu t'offrir un de mes petits ânes : lequel te soulage et te donne de l'importance.

Et comme cette importance et ce soulagement méritent d'être payés — bien que nous n'en sachions pas exactement le prix — tu as décidé d'en fixer provisoirement la valeur à deux sous par pot : c'est bien le moins. Mais jusqu'ici tu n'as jamais osé les réclamer : n'as-tu pas honte ?

Florian : C'est que...

L'Anier : Va, retourne chez madame Marguerite. Tu verras comme cela se passera bien.

SCÈNE 6 — FLORIAN, LA MÉNAGÈRE (TOUJOURS EN LA PERSONNE DE MARGUERITE)

Florian : Ah ! madame Marguerite, j'oubliais... Il faut que je vous demande encore deux sous.

Marguerite : Deux sous ?

Florian : Oui, c'est pour le transport.

Marguerite : Pour le transport ?

Florian : C'est l'usage.

Marguerite : Je ne comprends pas.

Florian : Le reversement de ma section transport dans ma section production montre clairement que l'investissement, le garage, l'assurance et l'entretien me reviennent en moyenne à deux sous par pot.

Marguerite : Qu'est-ce que vous me chantez là ?

Florian : Grâce à quoi mes clients sont satisfaits car je passe plus souvent : j'ai amélioré le service. Et un service comme cela, pour deux sous, c'est donné.

Marguerite : Alors il faut que je vous donne encore deux sous ? Cela fait le pot à six sous !

Florian : Vous y avez intérêt.

Marguerite : Si c'est vous qui le dites !

Florian : Vous verrez, vous vous y retrouverez.

Florian : (Seul.) Ça, c'est ce que j'appelle des affaires : je vais pouvoir m'acheter des culottes et des bas qui me donneront la respectabilité à laquelle j'aspire.

SCÈNE 7 — FLORIAN, LE TENTATEUR (EN LA PERSONNE DE L'IMPRIMEUR)

L'Imprimeur : Et pourquoi pas dix sous ?

Florian : Monsieur, je ne vous connais pas.

L'Imprimeur : Mais moi, monsieur, je vous connais. Cela fait six mois que je vous suis pas à pas et que je vous observe vendant des petits pots d'amidon à des ménagères crédules.

Florian : Mais monsieur...

L'Imprimeur : Je vous suis et j'ai établi l'état statistique de l'usage qui a été fait de vos pots d'amidon. Sur 100 pots :

13 seulement ont réellement servi au repassage

17 ont été mis dans le lait pour en faire du fromage

4 ont été criminellement mais inefficacement utilisés comme arsenic

15 ont servi à faire tenir la gelée de groseilles

3 ont été administrés à des chevaux pour guérir leurs coliques.

17 ont été considérés comme une farine lactée.

Les rats en ont mangé 3 par ignorance.

Le reste est statistiquement insaisissable.

Florian : Ah ! mon Dieu ! que me dites-vous là !

L'Imprimeur : Vous ne pouvez plus continuer comme ça. On ne plaisante pas sous le Second Empire avec les fraudes. Écoutez : 10 sous, c'est un minimum. Je suis imprimeur : pour 1 sou, je vous fournis une belle étiquette : l'amidon avec le mode d'emploi ; pour un sou, vous la collez sur vos pots. Et il est bien normal que ce petit perfectionnement vous permette de prendre un bénéfice supplémentaire de, disons deux sous ; ce qui fait bien les 10 sous que je vous ai annoncés.

Florian : Vous comptez bien... En fait, c'est étrange comme vous ressemblez à mon vieux curé d'autrefois dans ma paroisse. Ou peut-être à un de mes condisciples qui fabrique des pots de verre. A moins que ce ne soit à un ânier de mes amis... !

L'Imprimeur : Allons, ne me résiste pas ! Dix sous...

Florian : Dix sous, eh ! bien, je vais tenter le coup.

SCÈNE 8 — FLORIAN, LA MÉNAGÈRE (EN LA PERSONNE D'EUGÉNIE)

Florian : Bonjour, madame Eugénie.

Eugénie : Monsieur Florian ! Quelles nouvelles ?

Florian : Hélas, madame Eugénie. Il fait froid, les Prussiens sont à Paris. J'ai eu toutes les peines du monde à venir jusqu'ici. Voilà votre pot d'amidon.

Eugénie : Faites voir. (Elle lit) Amidon pour servir à l'embellissement des tissus et notice pour apprendre à bien conduire son fer à repasser. C'est bien commode cette étiquette !

Florian : Pour ceux qui savent lire, oui. Quant aux autres, ça y est : nous avons décidé le lancement de l'école laïque et obligatoire, l'école du peuple... Pour apprendre à lire les étiquettes. J'en ai longuement parlé avec Jules Ferry.

Eugénie : Vous pensez à tout ! Combien est-ce que je vous dois ?

Florian : Les temps sont durs. Dix sous.

Eugénie : Remarquez que je m'y attendais... Une sorte de pressentiment.

Florian : Il faut bien que tout le monde vive !

Eugénie : Voilà vos dix sous. L'instruction, ça se paie.

Florian : (Seul.) Je n'avais jamais douté un instant du succès croissant de mes affaires.

SCÈNE 9 — FLORIAN, LE TENTATEUR (EN LA PERSONNE DU JOURNALISTE)

Le Journaliste : Et pourquoi pas vingt sous ?

Florian : Non, tu exagères. Journaliste, pas plus haut que ton journal !

Le Journaliste : Je n'exagère pas le moins du monde.

Florian : Personne n'achètera de l'amidon à vingt sous le pot.

Le Journaliste : Tu ne connais rien aux affaires.

Florian : Comment ? Il y a deux cents ans que je fais des affaires ; je suis en quelque sorte l'éternel marchand, et je ne connais rien aux affaires !

Le Journaliste : Eh ! bien, moi, il y a vingt mille ans que je traficote de ce côté-ci de l'univers et je connais bien les femmes (geste de serpent).

Florian : L'éternel féminin ?

Le Journaliste : Précisément. Suppose que tu vendes, non pas simplement de l'amidon, mais de l'amidon FLORIAN, le meilleur du monde, le seul digne d'être utilisé, spécialement préparé pour tes clientes par les épouses du Pacha d'Akboul ou récolté par des vierges au clair de lune... Donne-moi seulement cinq sous par pot — sur les dix que tu ajoutes, cela n'est rien — et je te ferai dans mon journal une telle réclame qu'aucune ménagère n'osera acheter un autre amidon que le tien... Les vierges au clair de lune ! (On entend Madeleine appeler) Tu vois, ça marche déjà.

SCÈNE 10 — FLORIAN, LA MÉNAGÈRE (EN LA PERSONNE DE MADELEINE)

Madeleine : (Appelant de loin et agitant un journal.) Monsieur Florian, monsieur Florian...

Florian : (De loin.) Oui, madame Madeleine.

Madeleine : Dépêchez-vous, monsieur Florian, dépêchez-vous.

Florian : Je fais ce que je peux, je suis tout essoufflé.

Madeleine : Pourquoi arrivez-vous si tard ?

Florian : Je n'ai jamais eu une plus grosse journée.

Madeleine : Voilà vingt sous, donnez-moi vite un pot d'amidon : celui des vierges au clair de lune.

Florian : C'est le dernier qui me reste.

Madeleine : Il est pour moi. (Elle disparaît, puis revient.) Encore un que les Prussiens n'auront pas.

Florian : Vive l'armée, madame Madeleine.

Madeleine : Nous reprendrons l'Alsace et la Lorraine. (Elle sort.)

Florian : (Seul.) Ça alors ! Vraiment je ne connaissais rien aux affaires... vingt sous ! Mais vingt sous, ça fait déjà un franc !!!

SCÈNE 11 — FLORIAN, LE TENTATEUR (EN LA PERSONNE DU COMPTABLE)

Le Comptable : Et pourquoi pas deux francs ?

Florian : Tu as bien dit deux francs ?

Le Comptable : Oui, et la question ne se pose même pas : c'est devenu une nécessité.

Florian : Vraiment ? Tu me fais peur.

Le Comptable : Croyez-moi. Voilà trente ans que je suis votre comptable et je n'ai jamais entrevu une pareille catastrophe. Si nous ne redressons pas la barre, l'amidon FLORIAN va cesser de vivre. Votre collègue BUBU a compris le truc : je ne sais qui l'a conseillé, mais il dit que son amidon est américain — en 1920, les vierges au clair de lune, c'est un peu dépassé — donc l'amidon BUFFALO est américain. Pensez donc, s'il n'y avait pas eu les Américains on n'aurait jamais gagné la guerre ; et BUBU dépense en publicité trois fois plus que vous pour dire que son produit est le seul produit d'origine, que tous les contrefacteurs doivent être écartés et que seules les ménagères qui se méprisent peuvent consentir à utiliser un autre amidon que le sien. Deux francs, c'est un minimum.

Florian : Si c'est toi qui le dis... Mais je croyais que la concurrence faisait baisser les prix ?

Le Comptable : Illusion de professeur d'économie ! — D'ailleurs en économie, tout n'est qu'illusion. Le secret de la concurrence, c'est en réalité de majorer les prix pour donner à chacun des rivaux les ressources nécessaires à la lutte contre l'autre. Je viens bien de vous le montrer. Et, puisque par un procédé déjà ancien vous avez réussi, sans que cela se remarque, à diminuer de moitié la dose d'amidon que contiennent vos petits pots, la seule ressource qui vous reste c'est d'augmenter vos prix : je ne vous le fais pas dire.

Florian : (Seul.) (Prenant le ton d'Henri V avant la bataille d'Azincourt.)

Ô dure condition que celle de marchand
Que la nécessité conduit à ces débordements :
Deux sous d'amidon qu'il faut vendre deux francs !
Misérable rançon d'une triste grandeur,
Indomptable dilemme, contradiction mortelle,
Déchirement de l'âme à la raison rebelle !
Ô marchand : quels sont tes profits, où sont tes revenus ?
Quel peuple nourris-tu de ce grand sacrifice ?
Aucun merci n'effacera jamais tes peines,
Tout ce que tu reçois d'un côté, tu le donnes de l'autre
A tant de mains impérieuses qui se tendent vers toi...
Tout ce monde au travail qu'il faut que tu nourrisses :
Le verrier, l'imprimeur, le livreur et l'ouvrier,
Le chiffonnier, le rédacteur, le détaillant.
Chaque fois que le soleil ironique se lève, éclate
Et parcourt somptueusement l'orbe céleste,
Tu dois accomplir le même exténuant exploit !
Et conquérir le même inaccessible prix : forçat
Qui t'arqueboute et fait tourner la meule
D'un besoin que ne rassasierait pas, Abondance, ta corne !
Que possèdent les marchands que leurs clients n'aient pas ?
Sont-ils plus heureux à vendre qu'eux ne le sont à acheter ?
De quelle douleurs mortelles seraient-ils dispensés ?
Quelle recette inspirée les viendrait guérir de leurs maux ?
Quel transport leur livrerait jamais le repos de l'esprit ?
Je porte sur mes épaules, ô Sisyphe, un univers démesuré :
Deux sous d'amidon font vivre tout un peuple
Qui, tranquillement, le soir, après le labeur, s'endort
Sans soupçonner quels travaux la nuit j'entreprends
Pour qu'à son réveil enfin le jour lui soit rendu.

SCÈNE 12 — FLORIAN, LA MÉNAGÈRE (EN LA PERSONNE DE MADAME GEORGETTE)

Florian : Eh ! bien, madame Georgette, vous venez chercher votre amidon ?

Georgette : Oui, je viens chez vous parce que j'ai confiance. Figurez-vous que l'autre jour on est venu me proposer de l'amidon à un franc cinquante. Jai dit : mais, chez monsieur Florian, l'amidon coûte deux francs, et c'est le vrai prix. A un franc cinquante, je n'ai pas confiance. Et avec la crise en plus, car nous sommes en 1930.

Florian : Comme vous avez raison, madame Georgette. On ne peut pas faire de miracles. De l'amidon à un franc cinquante, ça ne peut pas être de l'amidon. J'aime mieux ne pas me demander ce qu'il y a dans ces petits paquets qu'on vous a proposés : de la poudre de perlimpimpin.

Georgette : Et ce n'était pas un petit paquet, c'était un gros !

Florian : C'est d'autant plus louche. Il y a des margoulins partout.

Georgette : C'est bien ce que j'ai pensé ; et je le lui ai dit...

Florian : Vous avez bien fait.

Georgette : Je lui ai dit : quand je pense que monsieur Florian, que je connais depuis toujours et en qui j'ai la plus absolue confiance, me vend deux francs un pot d'amidon qui ne contient pas plus du tiers de ce que vous m'offrez pour un franc cinquante, je me dis que vous êtes un voleur et un escroc.

Florian : Si tout le monde avait votre lucidité et votre franchise, madame Georgette, la France serait bien plus belle, c'est moi qui vous le dis.

Georgette : Il est reparti sans demander son reste... S'il avait insisté, j'appelais les gendarmes.

Florian : (Seul.) Décidément, il y a un bon Dieu pour les honnêtes commerçants et je vois bien que j'avais raison : je plonge mes clientes dans un abîme de sécurité en leur proposant mon amidon à deux francs... Si vous ne le saviez pas — mais je viens moi-même de l'apprendre — dans les affaires le prix est le meilleure substitut de la qualité.

SCÈNE 13 — FLORIAN, LE TENTATEUR (EN LA PERSONNE D'HID'ALGO, L'INGÉNIEUR-CONSEIL)

L'Ingénieur-Conseil : Et pourquoi pas cinq francs ?

Florian : Hein ?

L'Ingénieur-Conseil : Permettez que je me présente : Hid'algo, Ingénieur-Conseil en Organisation... Je disais donc : pourquoi pas cinq francs ?

Florian : Vous rêvez !

L'Ingénieur-Conseil : Pas du tout. Le secret de l'entreprise moderne, c'est de faire de la valeur ajoutée. Nous l'avons récemment découvert au retour d'une mission aux États-Unis — car nous sommes dans les années 50 — et nous faisons bénéficier nos meilleurs clients de notre découverte. Mais qu'est-ce que faire de la valeur ajoutée ?

Florian : Je suppose qu'il faudrait que j'augmente la capacité de mes petits pots. Et justement...

L'Ingénieur-Conseil : Pas du tout. Il suffit que vous en augmentiez le prix. Si vous portez votre tarif à cinq francs, vous aurez ajouté à votre produit trois francs de valeur. Tout est là : la valeur ajoutée, c'est la valeur ajoutée, rien de plus.

Florian : Mais je paierai plus d'impôt.

L'Ingénieur-Conseil : C'est la part du feu. Mais c'est justement pour cela que l'État protège la valeur ajoutée : il y trouve largement son compte. Remarquez qu'il serait de bonne politique de faire coïncider cette opération : premièrement, avec l'invention de quelque perfectionnement superflu et remarquable (quand je dis remarquable, c'est au sens étymologique : quelque perfectionnement qui se remarque ; c'est ce que nous appelons dans notre langage : un plus) ; deuxièmement, que vous inspiriez à votre cliente l'idée que ce perfectionnement remarquable, quelque superflu qu'il soit, lui est indispensable : et vous ne manquez pas de moyens de parvenir à vos fins ; au besoin, je vous aiderai personnellement. Me comprenez-vous ?

Florian : Certes.

L'Ingénieur-Conseil : Ces dernières précautions doivent permettre une assimilation plus agréable du concept de valeur ajoutée. Après tout, il faut savoir être honnête : c'est la meilleure façon de s'emparer de l'argent d'autrui ! (Il sort.)

Florian : (Seul.) Certes, et si l'on ne peut pas l'être, il serait plus avantageux encore de le paraître, car ainsi on en tirerait le bénéfice sans en avoir l'inconvénient (aux spectateurs). Il n'est pas incongru qu'un marchand d'amidon ait lu Machiavel. Le marchand n'est autre que le prince des temps modernes. Vous allez voir.

SCÈNE 14 — FLORIAN, LA MÉNAGÈRE (EN LA PERSONNE DE DELPHINE)

Delphine : Hélas, monsieur Florian, avez-vous vu cette petite ride au coin de mon œil droit ? Mais si, regardez bien : cela se voit comme le nez au milieu du visage. Trente-cinq ans, monsieur Florian, j'ai trente-cinq ans. Je vous le dis à vous car vous êtes mon ami et vous n'en ferez pas mauvais usage. Il me semble que tout le monde regarde cette petite ride. L'autre jour, mon dernier fils — il a trois ans — a crié en tapant sur son tambour : Maman elle est vieille, maman elle est vieille ! et de temps en temps, mon mari, d'une main distraite, passe le doigt sur cette petite ride. Je fais semblant de croire que c'est une caresse, mais je sais que c'est une sorte d'exorcisme, une conjuration. Comme pour effacer l'âge... Monsieur Florian, donnez-moi un de vos pulvérisateurs magiques ! N'est-ce pas que toutes les fées sont gracieuses et belles ? Un de ces pulvérisateurs qui vaporise sur le linge votre nouvel amidon Jeune Fille. J'effacerai sur les chemises de mon mari toutes les rides que je ne veux plus voir sur mon visage. Cinq francs ! c'est donné, monsieur Florian.

Florian : (Seul.) Je n'ai même plus besoin de faire du baratin. Je ne vends pas mon amidon : elles me l'arrachent.

SCÈNE 15 — FLORIAN, LE TENTATEUR (EN LA PERSONNE D'UN HIPPIE QUI JOUE DE LA GUITARE)

Le Hippie : Et pourquoi pas dix francs ?

Florian : On ferait un mega pulvérisateur qui donnerait à la femme l'impression que cette jeunesse va se prolonger indéfiniment.

Le Hippie : Et pourquoi pas cent francs ?

Florian : On inventerait un distributeur automatique avec cartouches de rechange : chaque cartouche ne permettrait de faire qu'un seul repassage.

Le Hippie : Tu as très bien compris comment tourne la machine. Et pourquoi pas mille francs ?

Florian : Mille francs ! (Le hippie continue à gratter sa guitare. Florian se retourne vers le public.) Cette fois-ci, c'était un défi à la taille d'une haute direction. Des hommes chauves, diplômés, surmenés et bien payés qui, en d'autres temps, eussent été explorateurs, professeurs, généraux, compositeurs, banquiers, ministres, se mirent au travail et se penchèrent avec tout leur pouvoir de concentration sur un problème qu'ils avaient jusqu'ici abandonné à leur femme. Mais ce n'était plus de leur femme qu'il s'agissait, c'était de la MÉNAGÈRE ! Comme si, collectivement, les femmes eussent été incapables de faire face aux difficultés que chacune avait résolu tout simplement dans son petit coin. La ménagère élevée à la dignité de grande déesse économique. Où est-elle ? Que fait-elle ? Comment vit-elle ? Que peut-on faire pour elle ? Ils en discutèrent gravement en experts. Le repassage était devenu une chose sérieuse, une affaire d'hommes. Les réunions de travail se prolongèrent au cours des soirées mondaines, et pendant que leurs femmes papotaient, eux, mathématiciens, économistes, ingénieurs, psychologues, s'entêtaient à résoudre le grave problème dont ils s'étaient emparé et auquel ils avaient prêté un peu de leur importance. Ils accouchèrent enfin d'une solution. Pourquoi faire simple quand on peut faire compliqué ? La machine Florian dosait l'amidon en fonction de la température du fer, de la nature des tissus, et de l'humeur de la repasseuse. Elle marchait à l'électricité. Elle consommait même suffisamment de courant pour intéresser les messieurs chauves, diplômés, surmenés et bien payés qui en fabriquaient. Elle tombait en panne avec une fréquence soigneusement calculée pour entretenir un mouvement rentable de pièces de rechange. Et même... mais voyez plutôt !

SCÈNE 16 — FLORIAN, LA MÉNAGÈRE (EN LA PERSONNE DE CAROLINE)

Caroline : Monsieur Florian ! Vous voilà enfin !

Florian : Malheureusement, madame Caroline, je serai obligé de vous demander un petit délai...

Caroline : Mais, monsieur Florian, comment voulez-vous que je fasse ? Mon linge s'entasse dans la chambre à coucher, et je ne sais pas encore me servir de la machine que mon mari m'a offerte pour mon anniversaire.

Florian : Nous sommes débordés. Depuis que la Préfecture a instauré un permis pour le maniement de nos machines, il y a eu comme une espèce de frénésie.

Caroline : Mon mari risque de perdre sa place si ses vêtements ne sont pas florianisés chaque matin : on le lui a dit au bureau. Son chef lui a déjà fait des remarques.

Florian : Remarquez que, pour vous être agréable, je pourrais vous faire passer le code dans trois jours : mais pour la conduite je ne peux pas vous promettre avant quatre mois.

Caroline : Nous nous ruinons à porter nos vêtements chez le florianisateur public. Et s'il faut encore payer les leçons...

Florian : Un minimum de deux leçons par semaine, je ne garantis rien au-dessous. Mais songez à l'économie que vous allez faire quand vous aurez enfin votre permis.

Caroline : Vous avez raison, monsieur Florian.

Florian : (Seul) (Au public) Je vous ai fait entendre un petit extrait de ce dialogue pour vous montrer à quels sommets Florian s'était élevé. Il faisait maintenant travailler plus de 150 000 personnes, et vendait ses produits dans trente-sept pays du monde. Il était comme pris dans le puissant appel du marché qu'il avait créé. Créé, c'était le mot. Il éprouvait, il faut bien le dire, un certain plaisir à se sentir ressembler à Dieu le Père. Le Créateur : il a fait quelque chose avec rien ; Florian aussi. Enfin, pas exactement avec rien, mais avec deux sous d'amidon. Entre deux sous et rien, la différence aujourd'hui est si petite... pas plus grande en tout cas qu'entre Florian et Dieu.

SCÈNE 17 — FLORIAN, LE TENTATEUR (EN LA PERSONNE DU MINISTRE)

Le Ministre : Cher monsieur Florian, c'est le ministre de l'Industrie et non pas seulement l'ami, qui vous parle.

Florian : Monsieur le Ministre !

Le Ministre : Si je me trouve ici, entouré de la foule de vos amis et de vos admirateurs, c'est pour reconnaître par un geste solennel tout ce que vous avez fait pour la Nation.

Florian : Je ne suis qu'un pauvre marchand d'amidon.

Le Ministre : Monsieur Florian, la modestie vous sied mal. Au nom du Président de la République, je vous fait Commandeur dans l'Ordre de la Valeur Ajoutée, et Duc de la Principauté de Plein Emploi. (Ils s'embrassent et s'applaudissent eux-mêmes.)

Florian : Monsieur le Ministre, je tâcherai de me rendre digne de l'honneur qui m'est fait.

Le Ministre : (Le prenant à part et l'entraînant dans un coin de la scène.) Cher monsieur Florian : 10 000 francs !

Florian : Quoi ?

Le Ministre : 10 000 francs.

Florian : Vous voulez dire... ?

Le Ministre : Oui. Le gouvernement, à l'unanimité moins une voix, a décidé que le prix de l'Amidonneur devait progressivement être porté à 10 000 francs. Dans cette perspective, vous devez vous engager personnellement, ainsi que dix de vos collègues à éponger les revenus élevés que vous avez eu la faiblesse de distribuer trop généreusement à vos employés. Ce prix de 10 000 francs va contribuer, sans faire baisser le niveau de vie, à fixer le pouvoir d'achat des citoyens sur des produits tout à fait inoffensifs pour le Gouvernement. Si le peuple s'enrichissait, il deviendrait arrogant. Je peux compter sur vous ? (On entend un roulement de tonnerre.)

Florian : Bien entendu. Je me suis toujours soumis à vos volontés.

Le Ministre : Nous ne prendrons sur vos nouveaux bénéfices qu'une participation modeste : après tout c'est à notre demande que vous vous sacrifiez.

Florian : Mais en échange, monsieur le Ministre, (il l'entraîne de l'autre côté de la salle)... vous avez tous les pouvoirs, n'est-ce pas ?

Le Ministre : Naturellement.

Florian : Mais en échange, monsieur le Ministre, il me faut un petit coup de main. Voilà : j'ai eu connaissance qu'un inventeur misérable et criminel a mis au point un procédé qui dispenserait de repasser les tissus. Ce n'est rien encore : qu'un bruit, qu'une idée, qu'un souffle. Mais songez à ce qui arriverait si... plus d'amidon, plus de machine.

Le Ministre : Ce serait une catastrophe.

Florian : Les cent cinquante mille chômeurs des établissements Florian se déverseraient dans les rues comme un torrent hérissé de pancartes et tel un bouchon de champagne par un temps d'orage, le gouvernement sauterait.

Le Ministre : Manifestement, cet inventeur a perdu la raison. J'en fais mon affaire.

Florian : Je n'en attendais pas moins de vous. Va, tu es un fidèle compagnon ! (Il l'embrasse.) Et moi, sitôt dit, sitôt fait, je passe à 10 000 francs.

Florian : (Seul.) Ainsi la machine Florian fut-elle chargée de faire circuler l'argent (ce sang de la civilisation) dans les tuyauteries de la société industrielle. Ainsi fut-elle transformée en une grande pompe à revenus et prit-elle, à ce titre, place à côté de : l'automobile, qui a établi son siège en notre cœur, monstre à sept bouches dévoreuses de ressources et de temps ; l'appartement de standing jamais assez tapissé, moquetté, chauffé, meublé, doré, décoré, admiré ; le vêtement de haute couture qui sait faire payer à son juste prix l'illusion de ressembler aux vedettes de ce monde ; la haute fidélité, coûteuse écurie de décibels piaffant dans des appartements trop petits pour en supporter le galop ; la station de ski moderne, où le plaisir de la montagne atteint un extraordinaire degré de recherche et de prix ; la grande ville enfin, entassement de citoyens soumis à de formidables pressions, mégamachine de l'ère industrielle qui aspire et refoule avec une efficacité épouvantée...

SCÈNE 18 — FLORIAN, LA MÉNAGÈRE (EN LA PERSONNE DE MARIE)

Marie : Monsieur Florian, c'est moi, Marie...

Florian : Marie ! quel joli nom ! un peu rétro, mais c'est la mode.

Marie : Dix mille francs ! je cale ; je ne peux pas.

Florian : Allons, madame Marie, remettez-vous. C'est pourtant une belle machine.

Marie : Je ne dis pas le contraire, mais dix mille francs, c'est trop.

Florian : Vous ne voulez pas me laisser avec ma machine sur les bras.

Marie : Je voudrais bien vous dépanner, mais je ne vois vraiment pas comment.

Florian : Passons un marché... Vous venez travailler dans mon usine et je vous fais cadeau de la machine. C'est une faveur que j'accorde à mes clients les plus fidèles.

Marie : Vraiment ? mais est-ce que je saurai faire ?

Florian : Je vous apprendrai... et puis, vous verrez, mes ateliers sont clairs et bien chauffés ; les ouvriers et les ouvrières rivalisent aimablement d'adresse autour des machines dociles ; il y a une ambiance du tonnerre : un vrai Club Méditerranée, huit heures de passe-temps quotidien. C'est moi qui vous l'offre. Au bout de huit à dix mois, la machine Florian sera à vous.

Marie : C'est vrai ? Je pourrai la prendre chez moi ?

Florian : Naturellement. Et je vous ferai un rabais.

Marie : Cela me fait bien envie, monsieur Florian.

Florian : Passez-vous votre envie, madame Marie.

Marie : C'est toujours agréable de profiter d'une occasion.

Florian : Eh ! bien, à demain matin, madame Marie.

Marie : A demain matin.

Florian : (Seul.) Le docteur Schweitzer — le bon, le saint, le grand docteur Schweitzer — nous raconte que les habitants du Gabon (où il débarqua en 1913) étaient des hommes libres auxquels la nature fournissait gratuitement une abondante subsistance. Comment les amener à travailler dans les exploitations forestières des compagnies européennes ? Ces indigènes n'éprouvaient aucun besoin d'argent. Le meilleur et le plus efficace des moyens fut de créer un impôt. Pour le payer, les Gabonais durent travailler au moins quelques mois par an. La formule de l'impôt fut considérée à cette époque comme la plus efficace car elle permettait de récupérer intégralement le salaire versé. Aujourd'hui, nous devons joindre l'utile à l'agréable et, sur le chemin de la récupération, nous plaçons quelques bons produits bien empaquetés qui dissimulent la manœuvre et fournissent des emplois…

C'est ainsi — et comment ne pas l'avoir reconnu plus tôt — que la somme des salaires que je verse, bon an mal an, à mes trois cent mille ouvriers et ouvrières, représente à quelque chose près l'exacte contrepartie du montant des achats que me font chaque année mes clientes. Ce qui veut dire que, collectivement, les ménagères de France reçoivent de Florian, et la machine à amidonner, et l'argent pour l'acheter. Quelle générosité ! Je ne peux m'empêcher de penser à la maxime que m'a enseignée mon vieux curé : « *Bonum diffusivum sui.* » Le bien ne peut pas se contenir. (Il allume un gros cigare.) Au point où nous en sommes arrivés, je me demande ce que mon génie créatif va encore me faire inventer.

SCÈNE 19 — FLORIAN, LA MÉNAGÈRE (EN LA PERSONNE D'ADRIENNE)

Adrienne : Monsieur Florian, monsieur Florian...

Florian : Ce n'est pas à toi maintenant, c'est à l'autre (il fait un geste pour désigner le côté d'où vient habituellement le tentateur).

Adrienne : Tiens, vous me tutoyez maintenant ! A l'autre ? Qui ça ?

Florian : Celui qui (il fait un autre geste)... me donne des idées pour faire de bonnes affaires. Toi, retourne à ton travail.

Adrienne : Non, monsieur Florian, cela ne me concerne plus. Je me suis laissée prendre jusqu'ici, mais c'est fini. Monsieur Florian, donnez-moi mon compte.

Florian : Ton compte ?

Adrienne : Oui, mon compte. Je vous quitte, je m'en vais, j'en ai assez... Et si je suis la première, je ne serai pas la dernière : nous en avons toutes assez. La journée, il faut fabriquer la machine à Florian, le soir chez nous, il faut la faire marcher. Ça suffit, ça ne nous amuse plus.

Florian : Pourtant notre dernier modèle, la Floriana 27, est une merveille de l'électronique !

Adrienne : Justement, ça nous ennuie, l'électronique.

Florian : Tu ne vas pas dire que... Ô MÉNAGÈRE !

Adrienne : Regardez, monsieur Florian. J'ai retrouvé le livre de recettes de mon arrière-grand-mère : « Col de chemise : une cuillère d'amidon dans un bol d'eau — poignets : deux cuillères — la cornette de la Sœur Saint-Vincent-de-Paul : quatre cuillères. » On peut avoir dix-huit cuillères pour deux sous.

Florian : Qu'est-ce que c'est que ce livre ? C'est interdit de… (il veut lui arracher le livre).

Adrienne : Deux sous d'amidon, cela fait dix centimes. J'ai acheté ce matin pour dix centimes d'amidon et j'ai rempli une vieille boîte qui traînait dans un de mes placards à faire je ne sais quoi : j'en ai pour l'hiver. Je suis une ménagère heureuse. (Florian se sent mal et s'écroule.) Mais qu'avez-vous, monsieur Florian ? Ce n'est tout de même pas…

SCÈNE 20 — FLORIAN, LE TENTATEUR (EN LA PERSONNE D'UN CHÔMEUR) LA MÉNAGÈRE (EN LA PERSONNE D'ADRIENNE)

Adrienne : Qui êtes-vous ?

Le Chômeur : Monsieur Florian me connaît bien.

Adrienne : Vous êtes en train d'interrompre une conversation privée.

Le Chômeur : Je venais lui dire… C'est très important !

Adrienne : Lui dire quoi ? Vous ne voyez pas dans quel état il est ?

Le Chômeur : Rassurez-vous, cela n'est rien. Nous n'en sommes pas à un marchand près. Je venais lui dire que s'il voulait bien vendre l'amidon à 20 000 francs, cela lui permettrait de me donner du travail…

Adrienne : Ah ! vous tombez bien, vous ! Vous êtes au chômage ?

Le Chômeur : Hélas oui, madame. Et comme on vient de nous l'expliquer, notre sort dépend de la générosité des grands industriels qui, à condition d'augmenter les prix, peuvent multiplier les emplois.

Adrienne : Ah ! vous voulez du travail ! tenez, voilà ma blouse. Vous êtes embauché.

Le Chômeur : Merci, madame.

Adrienne : Mais à 20 000 francs la machine à amidonner, vous n'en vendrez pas une seule.

Le Chômeur : Au contraire, nous en vendrons deux fois plus. Et à ce prix-là, monsieur Florian pourra m'acheter les ordinateurs et m'équiper les laboratoires dans lesquels sera mis au point le modèle à 40 000 francs qui ne tardera pas à voir le jour.

Adrienne : Mais vous êtes complètement fou !

Le Chômeur : Personne n'est plus raisonnable que moi. Il me semble même que je suis la seule substance rationnelle de ce monde en folie.

Adrienne : 40 000 francs la machine ! Il y a longtemps que je me posais des questions. Maintenant je comprends tout : tu es le Tentateur !

Le Chômeur : Vous vous faites des idées. Si seulement vous n'aviez pas autant d'imagination !

Adrienne : Je te reconnais bien (geste de serpent). Mais aujourd'hui, non, je ne croquerai pas la pomme. C'est toi qui vas y laisser ta peau. (Aux spectateurs.) Nous en sommes arrivés à la fin d'un processus séculaire. Florian vient d'avoir un infarctus et moi, la MÉNAGÈRE, par suite d'un dérèglement caractérisé du rythme de cette représentation, je me trouve soudain en face de son mauvais génie, de son âme damnée.

Le Chômeur : Oh ! tout de suite les grands mots !

Adrienne : Parfaitement. Et il ne s'en tirera pas comme ça. (Elle l'attrape par le col.)

Le Chômeur : Ayez pitié d'un pauvre chômeur !

Adrienne : Chômeur, mon œil ! C'est toi qui m'as fabriqué toute ma misère ! Ôte cet hypocrite déguisement et parais enfin dans ta réalité. (Le Tentateur apparaît vêtu d'un collant noir.) Voilà : c'est bien ce que je pensais. (S'avançant vers le public.) Mesdames, Messieurs, je vous annonce que la dernière machine à amidonner de l'histoire, que nous allons pour cette raison baptiser la « Floriana Ultima », va être fabriquée dans cette usine par ce monsieur que voilà, puisqu'il y tient tant. (Elle lui donne un coup de pied.) Cette machine sera immédiatement mise aux enchères et vendue comme le témoignage définitif de la bêtise humaine. A combien se monteront les offres ? je n'en sais rien. A mon avis, la Floriana Ultima n'a pas de prix... En tout cas, cela nous suffira largement pour placer notre Tentateur en orbite autour du monde, d'où il contemplera éternellement cette terre qui lui échappe. Ou si, par hasard, la Floriana Ultima ne trouvait pas d'acquéreur, le même monsieur que voilà s'engage par ma voix à en avaler toutes les pièces les unes après les autres : et sans qu'il puisse lui être fait grâce d'aucune ; j'y veillerai personnellement (autre coup de pied). En commençant par les plus petites et en finissant par les plus grosses...

Le Tentateur : Grâce, madame ! (Il tombe à genoux.)

Adrienne : Regardez ce pauvre diable !

Le Tentateur : Votre colère est terrible !

Adrienne : Y a-t-il une troisième voie qui nous épargnerait ces horreurs ? Eh ! bien, oui ! Et après en avoir délibéré, nous admettrons que ce monsieur que voilà accepte, pour gagner honnêtement sa vie, d'embrasser la misérable profession de comédien — il sera certainement très doué — et, par la représentation qu'il en donnerait chaque soir, entreprenne d'expier longuement ses méfaits... Qu'en pensez-vous ? Tel est du moins le pacte que nous avons conclu avec lui lorsque nous avons décidé de monter cette pièce, qui touche à sa fin et dont nous tenons à vous rappeler qu'elle n'est évidemment qu'une fiction : la réalité, c'est vous qui la vivez, chers spectateurs. Mais pour en revenir à notre Tentateur, ne trouvez-vous pas qu'il a ce soir bien joué son rôle et pieusement manifesté son repentir... Si tel est bien votre sentiment — tout diable même repenti ne vivant que de l'admiration qu'on a pour lui — donnez-lui, s'il vous plaît, sa petite ration d'applaudissements. (Applaudissements)... Cela suffit : et n'oubliez pas dans votre distribution les deux camarades (elle relève Florian) qui ont eu l'audace de faire un pacte avec lui... (Applaudissements.) Pour vingt francs (1) ne trouvez-vous pas que nous vous avons offert une mesure de plaisir bien tassée...

Le Tentateur : Vingt francs ? et pourquoi pas quarante ?

Florian et Adrienne ensemble : Quarante francs ?

Le Tentateur : Oui, quarante.

Florian et Adrienne : Tu veux dire : quarante francs la place ?

Le Tentateur : C'est bien cela.

Adrienne : Mesdames, Messieurs, il n'y a qu'une façon d'étouffer cette voix, c'est de la couvrir de nouveaux applaudissements. (Ils saluent.)

---

(1) Chiffre à actualiser.

Achevé d'imprimer par Corlet, Imprimeur, S.A.
14110 Condé-sur-Noireau (France)
N° d'Éditeur : 892 - N° d'Imprimeur : 10664 - Dépôt légal : janvier 1989
Imprimé en C.E.E.